Brigitte Geißler-Piltz
Albert Mühlum • Helmut Pauls

Klinische Sozialarbeit

Mit 3 Abbildungen und 2 Tabellen

Ernst Reinhardt Verlag München Basel

Prof. Dr. *Brigitte Geißler-Piltz*, Alice-Salomon-Fachhochschule Berlin
Prof. Dr. *Albert Mühlum*, Fachhochschule Heidelberg
Prof. Dr. *Helmut Pauls*, Fachhochschule Coburg; Leiter der Zentralstelle
für Klinische Sozialarbeit (ZKS)

Bibliografische Information der Deutschen Bibliothek

Die Deutsche Bibliothek verzeichnet diese Publikation in der
Deutschen Nationalbibliografie; detaillierte bibliografische Daten
sind im Internet über <http://dnb.ddb.de> abrufbar.
 UTB-ISBN 3-8252-2697-2
 ISBN 10: 3-497-01772-8
 ISBN 13: 978-3-497-01772-0

© 2005 by Ernst Reinhardt, GmbH & Co KG, Verlag, München

Einbandgestaltung: Atelier Reichert, Stuttgart
Satz: Ute C. Renda-Becker, Lahnstein
Druck: Ebner & Spiegel, Ulm
Printed in Germany
ISBN 3-8252-2697-2 (UTB-Bestellnummer)

Ernst Reinhardt Verlag, Kemnatenstr. 46, D-80639 München
Net: www.reinhardt-verlag.de Mail: info@reinhardt-verlag.de

Inhalt

Vorwort der Herausgeber

I Zur Buchreihe „Soziale Arbeit im Gesundheitswesen"

Gesund sein will jeder Mensch, und gleichzeitig ist Gesundheit ein gesellschaftliches Gut von hohem Rang. Erstaunlicherweise ist aber das, was der Einzelne und die Gemeinschaft dafür aufzuwenden bereit sind, erheblichen Schwankungen unterworfen. Erst im 19. Jahrhundert wurde Gesundheit zu einem öffentlichen Wert – und damit die Gesundheitssicherung zu einer öffentlichen Aufgabe. Gesundheitspflege und -fürsorge differenzierten sich dann im Verlauf des 20. Jahrhunderts zu einer *Sozialen Arbeit im Gesundheitswesen* aus, die als präventive, kurative, rehabilitative, begleitende und nachsorgende „Gesundheitsarbeit" wachsende Bedeutung erlangte. Im Kontext von Armut und Krankheit, Behinderung und sozialer Benachteiligung findet sie zu Beginn des 21. Jahrhunderts in ambulanten wie stationären Diensten vielfältigen Ausdruck. Die gesundheitsförderlichen Funktionen und Tätigkeitsbereiche zu präzisieren und ihre sozialarbeiterische Qualität zu steigern, sind – nicht zuletzt gestützt auf die gesundheitspolitische Agenda der Vereinten Nationen – dringliche Anliegen der Profession und Disziplin Sozialer Arbeit. In dieser Reihe bieten ausgewiesene Fachleute eine Grundorientierung in den wichtigsten Gesundheitsfeldern an und tragen damit zur weiteren Professionalisierung bei.

II Zum 7. Band: Klinische Sozialarbeit

Mit dem gesellschaftlichen Wandel und den veränderten Anforderungen an das Gesundheitssystem stellt sich die Kompetenzfrage neu und schärfer, da eine generalistische Qualifikation für die sich ausdifferenzierenden Felder und Aufgaben nicht länger ausreicht. Von den sich abzeichnenden neuen Profilen ist die Klinische Sozialarbeit als „Fachsozialarbeit" am weitesten entwickelt. Sie kann auf internationale Vorbilder zurückgreifen (Clinical Social Work) und gewinnt für die Binnendifferenzierung der Profession wegweisende Bedeutung. Ihre Koordinaten sind bestimmt durch das künftig dreistufige Ausbildungsniveau (Bachelor, Master, Promotion), das Maß an fachlicher Spezialisierung und die besondere Methodenkompetenz. Von Klinischer Sozialarbeit wird gesprochen, wenn die Soziale Arbeit eigene Beratungs- und Behandlungsaufgaben wahrnimmt. Adressaten sind Familien und einzelne Klienten bzw. Patienten, deren bio-psycho-soziale Belastung reduziert und deren Problembewältigungsverhalten durch methodisch geleitete Einflussnahme verbessert werden soll. Die Grenze zur allgemeinen Sozialarbeit ist noch unscharf; eindeutig ist aber der Bedarf an höherer (Methoden-)Kompetenz für den Umgang mit traumatisierten oder schwer zugänglichen Menschen und mit Krisensituationen. Die Expertise für klinisch-soziale Intervention bemisst sich nach Indikation, Vorgehensweise und Intensität der personalen Einflussnahme sowie nach dem Nutzen für die behandelte Person in ihrem jeweiligen sozialen Umfeld. Sie muss sich in multiprofessionellen Teams bewähren. Die Berufsbezeichnung „Sozialarbeiter" steht dabei für beide Geschlechter, wenn nicht ausdrücklich anderes gesagt wird. Der vorliegende Band gibt einen Überblick über Entwicklung, Arbeitsfelder, Zielgruppen und methodische Grundlagen und setzt sich mit den Problemen und Chancen einer klinischen Spezialisierung auseinander.

Trier und Heidelberg, im Februar 2005
Hans-Günther Homfeldt und Albert Mühlum

1 Selbstverständnis und professionsbezogene Verortung Klinischer Sozialarbeit

Das Projekt „Klinische Sozialarbeit" ist in Deutschland noch wenig bekannt und muss auch der Fachöffentlichkeit erst nahe gebracht werden. Deshalb werden zunächst der Begriff und das zugrunde liegende Verständnis erörtert (Kap. 1.1), bevor eine erste Übersicht über Aufgabenstellung und fachliche Spezialisierung (Kap. 1.2) möglich ist. Angesichts tiefgreifender Verwerfungen im gesellschaftlichen Modernisierungsprozess mit wachsender sozialer und gesundheitlicher Ungleichheit und unübersehbaren Auswirkungen auf (potenzielle) Klienten folgt eine Betrachtung der psychosozialen „Beschädigung" und Demoralisierung (Kap. 1.3), zu deren Besserung Klinische Sozialarbeit beitragen möchte. Ihre Nähe zum Gesundheitssystem erfordert einen kritischen Blick auf die Soziale Medizin und das Selbst- und Fremdbild Sozialer Arbeit (Kap. 1.4), deren klinische Orientierung entscheidend vom gewählten Gesundheits- und Krankheitsverständnis bestimmt wird (Kap. 1.5), das hier salutogenetisch-ressourcenorientiert bestimmt wird.

▷ 1.1 Begriff und Selbstverständnis

Klinische Sozialarbeit erregt seit einigen Jahren in der sozialberuflichen Ausbildung und Praxis Aufmerksamkeit. Es werden postgraduale Master-Studiengänge angeboten, Klinische Sozialarbeit hält Einzug in grundständige Lehrpläne und immer mehr Sozialarbeiter lassen sich als Klinische Sozialarbeiter zertifizieren.

Während in den USA die *Clinical Social Work* (CSW) in fast allen Tätigkeitsfeldern der Sozialen Arbeit bekannt und anerkannt ist, löst der Begriff in Deutschland erstauntes Nachfragen und auch Skepsis aus. Häufig wird sie auf die Arbeit im Sozialdienst einer Klinik bezogen und weckt Assoziationen von Entmündigung durch Experten (Illich 1995) und „Medikalisierung" des Sozialen. Klinisch (griech. für *kliné*) bedeutet Lager oder Bett und bezieht sich somit auf die direkte Arbeit mit Kranken: Der Kliniker ist derjenige, der den Kranken behandelt. Im englischen und französischen Sprachgebrauch ist der Begriff *clinic* bzw. *clinique* keineswegs medizinisch konnotiert. Er steht in direktem Bezug zur beratenden und therapeutischen Behandlung von Personen. Alle an der Behandlung Beteiligten sind auf professionelle Weise praktisch tätig (Kunstreich 2003, 11) – hier mit personenzentrierten Tätigkeiten, wie sie aus der Klinischen Medizin und Klinischen Psychologie bekannt sind. Klinisch tätig zu sein bedeutet in der Sozialarbeit *direkte Interaktion* mit Klienten, konkretes fallbezogenes Handeln und Behandeln – was der Begriff *direct practice* präzise ausdrückt. Dieser Begriff lässt zwar den methodischen Ansatz deutlicher erkennen, greift jedoch in der wissenschaftstheoretischen Diskussion zu kurz und vermag keine Abgrenzung zu anderen Professionen herzustellen.

Eine eindeutige Position bezieht die Definition des *American Board of Examiners* von 1995 (Appendix 35):

> „Clinical Social Work is a practice speciality of the social work profession. It builds upon generic values, ethics, principles, practice methods, and the person-in-environment perspective of the profession. Its purposes are to: Diagnose and treat bio-psycho-social dysfunction, achieve optimal prevention of bio-psycho-social dysfunction, support and enhance bio-psycho-social strength and functioning. Clinical social work practice applies specific knowledge, theories, and methods to assessment and diagnosis, treatment planning, intervention, and outcome evaluation."

Diese Definition richtet demnach den Fokus auf die bio-psychosoziale Gesundheit und Entwicklung des Menschen und vertritt einen breit gefassten Gesundheitsbegriff, der alle psychosozialen Interventionen und Maßnahmen umfasst, die indiziert sind, um Gesundheitsrisiken und ihren psychosozialen Folgen vorzubeugen, sie zu lindern oder zu bewältigen. Das „Plädoyer für eine Klinische Sozialarbeit" des Arbeitskreises für Sozialarbeit und Gesundheit (2001) präzisiert dieses Verständnis:

> „Wenn gesundheitsfördernde Aufgaben ins Zentrum rücken, kann von Gesundheitssozialarbeit gesprochen werden. Und sofern dies in besonders schwierigen Beziehungs- und Behandlungskontexten erfolgt, sprechen wir von Klinischer Sozialarbeit, die zusätzliche Kompetenzen erfordert. Profil und Entwicklungsstand des internationalen Clinical Social Work sind dafür wegweisend, auch wenn es wegen unterschiedlicher Systemvoraussetzungen nicht direkt übertragbar ist."

Indem Klinische Sozialarbeit die Wechselwirkung von Psyche, Leib und Sozialität thematisiert, verortet sie sich als Fachsozialarbeit zwischen den klassischen Disziplinen Medizin und Psychologie. In ihrem Verständnis ist sie präventive Gesundheitsarbeit, bei der Wiederherstellung der Gesundheit hat sie einen eigenen Behandlungsauftrag. Sie arbeitet zwischen den Expertensystemen und wird vor und nach der Medizin tätig: wenn die Medizin noch nicht eingreift und wenn sie an andere Berufsgruppen übergibt. Bei entsprechender Indikation überschneidet sich ihre klinische Tätigkeit mit der anderer Berufsgruppen – in multiprofessionellen Teams und Versorgungsnetzwerken, die ein gemeinsames Ziel mit unterschiedlichen Methoden verfolgen: die Gesundheit von Menschen zu verbessern bzw. zu erhalten.

Klinische Sozialarbeit versteht ihre Aufgabe hier als Vermittlung und kontextsensible Kommunikation des anwendungsorientierten bio-psycho-sozialen Paradigmas unter besonderer Berücksichtigung der *sozialen* Dimension im Gesundheits- und Krankheitsgeschehen. Das setzt voraus, dass sie in interdisziplinärer Kooperation von Anfang an und nicht erst am Ende einer primär somatisch und dann psychologisch organisierten Behandlungskette verantwortlich mitwirken kann.

▷ 1.2   Aufgabenstellung und fachliche Spezialisierung

Klinische Sozialarbeit versteht sich als Fachdisziplin im Gesundheits- und Sozialwesen mit der Aufgabenstellung psychosozialer Beratung, Sozialtherapie und Krisenintervention. Soziale Arbeit übernimmt klinische Aufgaben, wenn und wo immer die methodische soziale bzw. psychosoziale Mitwirkung an der Fallarbeit bzw. Behandlung erforderlich ist, so etwa

- in der Kinder- und Jugendhilfe mit ihren Aufgaben an Schnittstellen zur Kinder- und Jugendpsychiatrie wie auch zu Schulen und Einrichtungen des Kinderschutzes (z. B. intensive Einzelfallhilfe, Familienhilfe, Erziehungsbeistandschaft, Kinder- und Jugendlichentherapie, Schulsozialarbeit);
- in ambulanten Beratungseinrichtungen (z. B. Erziehungsberatung, Familienberatung, Partner-, Familien- und Lebensberatung, Schwangerschaftskonfliktberatung, Sexualberatung);
- in Bereichen stationärer, teilstationärer und ambulanter psychiatrischer Versorgung;

klin.SA als fachl. Spezial. innerhalb der SA

14 Selbstverständnis und professionsbezogene Verortung

- in Kriseninterventionseinrichtungen und Einrichtungen zum Schutz gegen physische und sexuelle Gewalt;
- in der ambulanten und stationären Suchtbehandlung;
- in Fach-, Reha- und Akutkrankenhäusern;
- in forensischen Einrichtungen des Maßregelvollzuges und der Resozialisierung;
- in der gerontologischen Arbeit einschließlich Geriatrie und Gerontopsychiatrie.

Klinische Sozialarbeiter müssen sich somit theoretisch und praktisch mit komplexen Problemen und ihren Auswirkungen professionell auseinander setzen: mit psychischen Krankheiten und Störungen von Kindern, Jugendlichen und Erwachsen, mit Folgen sexueller, emotionaler und physischer Gewalt, mit Folgen von Migration, mit Suizidversuchen, mit chronischen somatischen und psychischen Leiden, mit Alkoholismus und Drogenmissbrauch, mit posttraumatischen Stress-Syndromen und psychiatrischen Erkrankungen, mit gerontopsychiatrischen Aufgabenstellungen sowie mit den Folgen für Familien und Angehörige (Dörr 2005). Das Tätigkeitsfeld ist folglich nicht nur enorm groß, umfasst es doch alle Problembereiche der psychosozialen Beratung und Behandlung von Gesundheitsstörungen, es wandelt sich überdies beständig und ist je nach Kultur und Gesellschaft verschieden ausgeprägt.

Zuständigkeit klin SA

Grundsätzlich ist Klinische Sozialarbeit also zuständig für Menschen, die aufgrund ihrer Erkrankung psychisch und sozial leiden oder umgekehrt aufgrund ihrer sozialen Leiden an Leib oder Seele erkranken. Nicht selten sind diese Menschen Helfern gegenüber misstrauisch, erleben Hilfsangebote als verordnet und gelten als „schwer erreichbar" (*hard-to-reach*). Kompetentes klinisches Handeln setzt daher eine umfassende Methodenkompetenz und eine respektvolle Haltung gegenüber den Klienten voraus. Nur auf dieser Basis kann die Gestaltung einer vertrauensvollen Beziehung gelingen, die wiederum Voraussetzung ist, um die Verwobenheit von biologischer Existenz und psychosozialen Problemen in Biografie und sozialem Kontext zu entziffern. Im Fokus liegen der Alltag und die Lebenswelt der Erkrankten. Ziel ist es, diese im Prozess der Krankheitsbewältigung zu motivieren und (auch emotional) zu unterstützen, sie zu befähigen ihre Ressourcen zu erkennen, zu nutzen und selbstbestimmt und verantwortungsvoll zu handeln.

Nach diesem Anspruch ist Klinische Sozialarbeit als fachliche Spezialisierung innerhalb der Sozialen Arbeit zu verstehen, quali-

Ziel = Unterstützung, Befähigung ihre Ressourcen zu erkennen

fiziert für beratende und behandelnde Aufgaben. Ihre Expertise bemisst sich nach den Indikationen und Interventionen sowie nach der Intensität der personalen Einflussnahme, d. h. Klinische Sozialarbeiter sind „spezialisierte Generalisten" (Staub-Bernasconi 1998). Dennoch bleiben ihre Konturen unscharf, sind sie doch Teil der Sozialen Arbeit und teilen mit ihr das professionelle Selbstverständnis: Menschen in sozialer Not durch methodisch fundiertes Handeln zu unterstützen und zu befähigen, ihr Leben und Zusammenleben selbst zu bestimmen und Partizipation und Aktivität besonders jenen Menschen zu ermöglichen, die aufgrund sozialer oder gesundheitlicher Ausgrenzungsprozesse benachteiligt sind.

Klinische Sozialarbeit nimmt eine besondere Stellung ein durch ihre Qualifikation und ihren selbstbewussten Bezug auf die Tradition ihrer spezifischen Professionalität. Dazu zählt die Fähigkeit, diese durch Integration erfahrungsgesättigter Methoden praxis- und forschungsbezogen weiterzuentwickeln. Klinische Sozialarbeit steht in der Tradition der von Mary Richmond und Alice Salomon konzipierten Methoden der „sozialen Diagnose" und „sozialen Therapie" und dem daraus resultierenden *Social Case Work*. Es ist insbesondere dem zentralen Konzept des *Person-in-Environment* zu verdanken, dass sie sich von anderen helfenden Berufen unterscheidet. Aus deutscher Sicht mag erstaunlich sein, dass amerikanische Lehrbücher die sozialarbeiterische Identität aus diesem Konzept herleiten (Sheafor/Horejsi 2003, 9): „However, it is social work's simultaneous focus on and attention to both the person and the person's environment that makes social work unique among the various helping professions."

Dieser Haltung liegt die Erkenntnis zugrunde, dass Gesundheit auf ein Zusammenwirken sowohl individueller als auch vielfältiger sozialökologischer Faktoren zurückzuführen ist. Dies ist bereits eine Erkenntnis der frühen Sozialarbeit, vor allem der *Settlement*-Bewegung (Kap. 8), die nichts von ihrer Bedeutung verloren hat. Ihr klinischer Blick ist demnach ein doppelter: Im Fokus ist die Hilfe suchende Person und ihre soziale Lebenswelt, die es zu entschlüsseln gilt. Dazu bedarf es besonderer methodischer Fertigkeiten, da die Lebenswelten der Klienten hoch komplex und – wie in allen Bereichen Sozialer Arbeit – sozioökonomischen Umwälzungen und sozialen Veränderungen unterworfen sind. Aus diesem Grunde sind theoretisch und methodisch nicht nur individuelle, sondern auch gesellschaftliche, demografische und gesundheitspolitische Veränderungsprozesse zu berücksichtigen.

Da sich Klinische Sozialarbeit besonders den schwer erreichbaren Klienten verpflichtet fühlt, hat sie etwa die Aufgabe, Antworten auf gesellschaftlich verursachte Probleme zu finden, die sich als Krankheit äußern, und umgekehrt auf Krankheiten, die psychosoziale Probleme nach sich ziehen. Dies als Handlungsziel zu formulieren ist allerdings eine Herausforderung, nicht nur aufgrund der problematischen Definition von Gesundheit, sondern auch, weil ihre zentralen Voraussetzungen und konstituierenden Momente in modernen Gesellschaften besonders infrage gestellt sind.

1.3   Psychosoziale „Beschädigung" und Demoralisierung

Die moderne Gesellschaft ist gekennzeichnet durch schnelle Modernisierungsschübe, die einhergehen mit zunehmender Ungleichverteilung von Einkommen, Bildung und Gesundheit. Sie sind geprägt von Verlust an Traditionen und Verödung sozialer Beziehungen.

Den Gesellschaftsdiagnostiker Sennett (2000) interessieren die Veränderungen in ihren Auswirkungen auf den individuellen Gesundheitszustand sowie die Beziehungen der Menschen zueinander: Zunahme von Ängsten, Verlust an Vertrauen in soziale Beziehungen und persönliche Fähigkeiten.

Auch Beck (1986, 217) konstatiert, dass in modernen Gesellschaften ökonomische Restriktionen Einfluss auf private Beziehungen und soziale Unterstützungsnetze nehmen, die den Menschen zwingen, sich an den Prozess der Modernisierung und die damit verbundene Individualisierung anzupassen. Neben Einschränkungen sieht er allerdings auch Freiräume und Chancen, das eigene Lebenskonzept, die individuellen Fähigkeiten, Orientierungen und Partnerschaften zu gestalten. Für die gesundheitliche Situation kann Individualisierung zweierlei bedeuten: Verlust an Halt gebenden sozialen Beziehungen, was sich negativ auf die Gesundheit auswirken kann, oder Befreiung von einengenden Verhältnissen, was der Gesundheit zuträglich sein kann, – vorausgesetzt, das Individuum verfügt über alternative soziale Netze.

In einer theoretischen Analyse der Modernisierung formuliert der Gesellschaftswissenschaftler Giddens (1991, 43 ff) eine weitere für die Klinische Sozialarbeit wichtige Erkenntnis: Dem seinem traditionellen Milieu entrissenen Individuum fehlen die Voraussetzungen zur Bildung individueller Identität und Vertrauen in die Stabilität der Welt. Mangelndes Vertrauen kann in Angst umschlagen und sich an beliebigen Objekten festmachen. Um die Chancen der Moderne wahrnehmen zu können, muss das Individuum lernen, mit Vielfalt und Ambivalenz umzugehen und Differenzen auszuhalten. So betrachtet steht der Mensch im Schnittpunkt vieler Einflüsse, die ihn zu überfordern drohen, was wiederum seine Abhängigkeit von Expertensystemen verstärkt. Insbesondere trifft das auf sozial benachteiligte Bevölkerungsgruppen zu, die aufgrund fehlender Ressourcen und Unterstützungssysteme die Auswirkungen der Modernisierung nicht aus eigenen Kräften bewältigen können.

Zum gleichen Ergebnis kommt Keupp (2004, 36) beim Blick auf marginalisierte Gruppen, deren Lebens- und Entfaltungsmöglichkeit systematisch verkümmern. Er bezieht sich auf Studien, wonach rund ein Drittel der Bevölkerung als demoralisiert bezeichnet werden kann. Die Hälfte davon sind Angehörige der unteren sozialen Schichten, die sich den Verhältnissen ausgeliefert und ohne Chance erleben. Das bleibt nicht ohne Folgen für die Gesundheit: die Hälfte aller als demoralisiert eingestuften Personen, wiesen klinische Symptome auf. Bei ihnen reichten die verfügbaren Ressourcen offensichtlich nicht aus, um mit Lebensgefühl und Krisen angemessen umgehen zu können. Die Wechselbeziehung zwischen gesellschaftlichen Verhältnissen und individueller Gesundheit wird hier exemplarisch deutlich. Obgleich Demoralisierung ein psychologisches Phänomen ist, hat sie eine soziale Basis in der ungleichen Verteilung von Chancen und Partizipationsmöglichkeiten. Für die Klinische Sozialarbeit bedeutet das, sich den Menschen zuzuwenden, die aufgrund ihrer Erkrankung psychisch und sozial leiden oder aufgrund ihrer sozialen Leiden erkranken.

Wright (2004, 50) hält dies für angemessen, da diese Menschen die klassische Zielgruppe Sozialer Arbeit sind, aber auch weil die Situation sozial Benachteiligter im Fokus der Gesundheits- und Sozialpolitik steht: „Da präventive Maßnahmen sie nicht erreichten, sind sie häufiger krank und sterben früher als Menschen mit höherem sozio-ökonomischem Status."

Schließlich stellt auch die WHO in ihren Verlautbarungen immer wieder einen Bezug zur Sozialen Arbeit her, wenn sie auf die Wechselwirkung von sozialer Notlage und Erkrankungen hinweist und mehr Sozialarbeit anstelle von mehr Medizin fordert(WHO 2001).

1.4   Soziale Medizin und Soziale Arbeit

1.4.1 Verlust der sozialen Dimension der Medizin

Im 19. Jahrhundert entwickelte sich die Medizin, die bislang vor allem kurativ am Individuum orientiert war, aufgrund folgender Erkenntnisse zu einer „sozialen" Wissenschaft: die gesundheitliche und soziale Lage stehen in engem Zusammenhang; durch eine Veränderung der sozialen und hygienischen Verhältnisse können effektive Maßnahmen gegen verheerende Epidemien eingeleitet werden.

Wissenschaftliche Grundlagen der Medizin waren Statistik und Epidemiologie, ihre Praxis war sozialpolitisch. Da die kurativen Möglichkeiten noch gering waren, war diese Art der Prävention das wirksamste Instrument medizinischer Gesundheitsvorsorge. Beispielhaft ist eine Studie des Mediziners Virchow (1968, 162), der in seiner Analyse einer Typhus-Epidemie in Oberschlesien folgerte, Verursacher der Epidemie seien Armut und Ausbeutung. Diese sozialwissenschaftlich fundierte Medizin geriet wieder ins Hintertreffen als Entdeckungen der naturwissenschaftlichen Medizin (Bakterien, Viren und andere Erreger von Infektionen) zu beispiellosen Behandlungserfolgen führten. Dennoch wurde für die Heilbehandlung ein „sozialer" Partner benötigt, der sich den ärztlichen Anordnungen unterordnete oder ergänzend zur Seite stellte. In der Gesundheitsversorgung wurde dies im Wesentlichen von Fürsorgerinnen geleistet, die im Schatten der Ärzte nahezu unbemerkt die *soziale Gesundheitsarbeit* übernahmen.

Die medizinisch-naturwissenschaftlichen Erfolge waren maßgeblich an der Verlängerung der Lebenserwartung beteiligt und wirkten sich auf die Veränderung des Krankheitsspektrums aus. Die Infektionserkrankungen sind zurückgedrängt, doch muss heute ein Großteil der kranken Menschen mit chronisch verlaufenden Krankheiten leben, die oft irreversibel sind, sich degenerativ entwickeln und das Leben erheblich beeinträchtigen. Da der Verlauf dieser Krankheiten auch psychosozial determiniert ist und die soziale Umwelt in ihrer Beziehung zum Individuum und seiner Psyche eine große Rolle spielt, muss sich die Behandlung darauf einstellen.

1.4.2 Verunsicherung in der Sozialen Arbeit

[handschriftlich: Schwierige Position der SA / Probleme der Verortung]

Die Zunahme chronisch-degenerativer Erkrankungen und die demografisch bedingte Zunahme alter, multimorbider Menschen erforderten – auch aus ökonomischen Gründen – einen Paradigmenwechsel in der Gesundheitsversorgung: Während der stationäre Bereich etwa durch *Diagnostic Related Groups* (DRG) eingeschränkt wird, expandiert der kostengünstigere ambulante Versorgungssektor. *[handschriftlich: quicker + sicker]*

Für die Kliniken bedeutet das einen höheren Entlassungsdruck, für die Patienten frühere Entlassungen und kürzere Verweildauer. Das Schlagwort *quicker and sicker* drückt aus, dass der Versorgungsbedarf nach einer Klinikentlassung weiter besteht. Er soll, bio-psycho-sozial, in *Disease-Management*-Programmen und im Konzept der integrierten Versorgung berücksichtigt werden (Kap. 5). Wie die Enthospitalisierung im psychiatrischen Bereich zeigt, erfordert dies eine verlässliche Koordination der beteiligten Systeme und Berufsgruppen sowie deren *Fähigkeit zur Kooperation*.

Hier befindet sich die Sozialarbeit in einer schwierigen Position. Erwartet wird, dass trotz steigender Arbeitsbelastung kranke Menschen effektiv behandelt, psychosoziale Interventionen verbessert und die Wirksamkeit ihrer Leistungen nachgewiesen werden. Wenn der Sozialen Arbeit dieser Nachweis nicht gelingt, übernehmen andere im Gesundheitsbereich ihre Aufgaben und verwischen damit die Grenzen der Professionen. Dass Berufsgruppen wie Psychologen, Pfleger oder Ärzte mit ungebrochener beruflicher Identität ihren Handlungsbereich auf Kompetenzfelder der Sozialarbeit ausdehnen können, ist zunächst ein Beleg dafür, wie dünn die Trennungslinie zwischen Therapie und Sozialer Arbeit ist. Es zeigt jedoch auch, dass diese Grenze bisher nur einseitig überschritten wurde. Ein Sozialpsychiater setzt sich kaum mit theoretischen Konzepten der Sozialarbeit auseinander, was umgekehrt als selbstverständlich gilt, wie Terbuyken (1997, 39) kritisch feststellt:

„Für diese asymmetrische Beziehung zwischen Sozialarbeit und Medizin sind die Sozialarbeiter zum Teil selbst verantwortlich wegen ihrer Tendenz zur Selbstentwertung und auch aufgrund ihrer Chamäleonexistenz, der Anpassung an vorgegebene oder nur vermutete Rollen, Professionalitätsmuster, in Administrationen sowie in der Domäne der Medizin."

1.4.3 Selbst- und Fremdbild Sozialer Arbeit

Sozialarbeiter in Arbeitsfeldern des Gesundheitswesens neigen zur Selbstabwertung (Sticher-Gil 1993, 6), beneiden häufig den Arzt und sehen in ihm ein (über-)mächtiges Gegenüber. Diese Perspektive mindert die eigenen Fähigkeiten und leugnet die ungeliebten Macht- und Entscheidungskompetenzen. Die damit verbundene Kontrolle überlassen Sozialarbeiter gerne den Ärzten, da sie nach Ansicht von Fegert (2001, 30 f) die *romantische Klientensolidarität* und die *mitfühlende Ohnmachtshaltung* gefährden könnte.

Untersuchungen bestätigen diese Tendenz der Selbstentwertung bzw. professionellen Verunsicherung. In der *Eigenwahrnehmung* sind Sozialarbeiter wenig geeignet, sich im medizinischen System zu behaupten. Sie beklagen beispielsweise, nicht ausreichend für die Anforderungen der Praxis gerüstet zu sein und sich Berufsgruppen mit klarer beruflicher Identität unterlegen zu fühlen. Der Ausweg ist oft buchstäblich der Weg aus der Profession, hin zu psychotherapeutischen Weiterbildungen, in der Hoffnung auf höheres Ansehen als Familien- oder Gestalttherapeut.

Dies wird durch eine Berliner Teilstudie (Muijen/Priebe 2002) bestätigt, die Selbstverständnis, Belastungsfaktoren und Arbeitszufriedenheit von drei in der Gemeindepsychiatrie tätigen Berufsgruppen in Europa untersucht: Im Vergleich zu Ärzten und Pflegekräften fühlen sich Sozialarbeiter hinsichtlich der Grenzen ihres Entscheidungs- und Verantwortungsbereiches sowie der Wirksamkeit ihrer Handlungen deutlich unsicherer. Zudem sind sie weniger stark mit der eigenen Berufsgruppe identifiziert. Wenn sich Klinische Sozialarbeit als eigenständige Profession etablieren und nicht eine Art Hilfstätigkeit für Medizin und Psychotherapie sein möchte, wird sie ihre Wissensbestände, Methoden und Zuständigkeiten klar definieren müssen.

▷ 1.5   Gesundheits- und Krankheitsverständnis

1.5.1 Gesundheit und Krankheit im bio-psycho-sozialen Modell

Der angedeutete historisch-gesellschaftliche Kontext erlaubt es, den Blick systematischer auf das Gesundheits- und Krankheitsverständnis der Klinischen Sozialarbeit zu richten. Zentral ist das bio-psycho-soziale Verständnis von Gesundheit und Krankheit, in dem das Konzept der „Person-in-ihrer-Umwelt" im Mittelpunkt steht. Dem liegt ein mehrdimensionales Konzept zugrunde, das in Bereichen der Medizin wie auch in den Sozialwissenschaften anerkannt ist.

Das bio-psycho-soziale Krankheitsmodell beruht auf der Weiterentwicklung der schlichten, doch weit reichenden Gesundheitsdefinition der WHO von 1948 als Zustand des umfassenden körperlichen, seelischen und sozialen Wohlbefindens. Damit distanziert sie sich vom biomedizinischen Krankheitsverständnis und betont die psychosoziale Dimension des Phänomens Gesundheit, das mehr umfasst als das Funktionieren der Organe. Die Gesundheitsinitiativen der Ottawa-Charta von 1986 und Folgekonferenzen erweitern und vertiefen dieses Gesundheitsverständnis. Für die Klinische Sozialarbeit sind ihre Ergebnisse aufgrund des Ziels bedeutsam, gesundheitliche Ungleichheiten zu verringern und damit Gesundheit zu einem zentralen Gegenstand Sozialer Arbeit zu erklären. Darüber hinaus wird hier ihr doppelter Fokus aufgenommen: die Lebensverhältnisse gesundheitlich gefährdeter Bevölkerungsgruppen *und* ihr Gesundheitsverhalten zu verbessern. Das Ziel präventiver Ansätze ist immer, Menschen zu befähigen, ihr Leben gesundheitsförderlich und aktiv zu gestalten.

Gesundheit beruht nach gesundheitswissenschaftlichen Konzepten nicht allein auf biomedizinisch ergründbaren Bedingungen, sondern auch auf spezifischen individuellen Lebensbedingungen und Lebensweisen sowie der emotionalen Verarbeitung von Ereignissen. In einem mehrdimensionalen, Disziplinen übergreifenden bio-psycho-sozialen Verständnis von Gesundheit wird der prominente Diskurs aufgenommen, in welchem Umfang genetische, soziale und psychische Faktoren Einfluss auf die Entstehung und den Verlauf psychischer und chronisch-degenerativer Erkrankungen nehmen. Der amerikanische Psychosomatiker Engel (1977) war

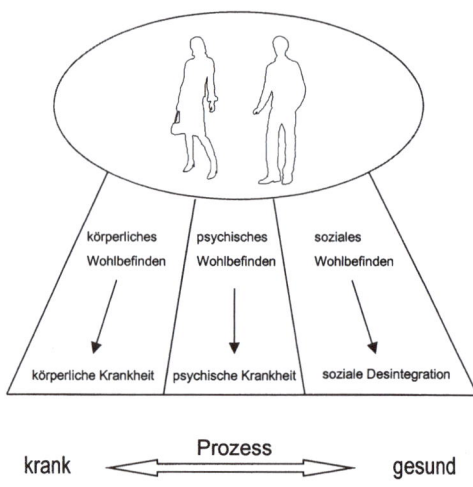

Abb. 1: Bio-psycho-soziale Betrachtungsweise des Gesundheits- und Krankheitsgeschehens

einer der ersten, der das bio-psycho-soziale Modell entwickelte und Verbindungen zwischen natur- und sozialwissenschaftlichen Erklärungsmodellen für Erkrankungen suchte (in Deutschland ist auf Weizsäcker und Uexküll [2003] zu verweisen). Diese Ansätze trugen dazu bei, den deutschen Provinzialismus mit seiner Fixierung auf Disziplinen und rivalisierende Abgrenzungen zu überwinden zugunsten gemeinsamer interdisziplinärer Arbeit (Richter 2003, 136). Die komplexen, operational in sich geschlossenen Systembereiche – Leib, Psyche und Sozialität – stehen in Wechselbeziehung zueinander und sind voneinander abhängig.

Nach Richter (2003, 153) lässt sich aus dieser Perspektive keine strikte Trennung durchhalten:

„Insbesondere das psychische System steht . . . in der ‚Zange' zwischen biologischem und sozialem System. Es ist zum einen sehr eng an die biologischen Prozesse gekoppelt, ohne die es nicht funktionieren kann, und ist auf der anderen Seite der Bewusstseinsinhalte vollständig vom sozialen System abhängig, ohne dessen Input keine Gedanken gefasst werden könnten."

In dieser Relevanz für Entstehung und Verlauf von Krankheiten wird das soziale System von der naturwissenschaftlichen Medizin kaum erfasst und wenig elaboriert behandelt. Das Verständnis des Sozialen bleibt eher marginal und vornehmlich bezogen auf die Herkunftsfamilie, das *soziale Milieu* und deren pathogene Einflüsse auf das Individuum.

Alle am bio-psycho-sozialen Gesundheits- und Krankheitsgeschehen beteiligten Wissenschaften sind gefordert, ihr disziplinäres Denken zu erweitern bzw. eine theoretische Integration der verschiedenen Erkenntnisse zu nutzen. Einige Forschungsfelder (Bindungs-, Resilienz-, Traumaforschung) zeigen, wie sich biomedizinische Forschungsergebnisse und sozialwissenschaftliche Erklärungsmodelle ergänzen und bereichern können. In die Praxis übersetzt impliziert dies, dass nur mit einem integrativen Verständnis eine umfassende und effektive Behandlung gelingen kann. Für die Klinische Sozialarbeit bedeutet diese nicht neue, doch wenig praktizierte Erkenntnis, im Krankheits- und Gesundheitsgeschehen mit eigenen Wissensbeständen und Methoden gleichberechtigt neben prominenteren Professionen zu stehen und bestehen zu können.

Aufgrund der Fortschritte der Biowissenschaften wird die wechselseitige Verschränkung des bio-psycho-sozialen Modells für die Behandlung psychischer und psychosozialer Störungen an Brisanz gewinnen. Schon das Verständnis der Strukturen und Funktionen des Gehirns hat sich durch die jüngste neurowissenschaftliche Forschung dramatisch weiterentwickelt. Dies wurde durch hoch sensible neue Technologien ermöglicht, die das Gehirn in Aktivität beobachten und messen – mit neuen Erkenntnissen hinsichtlich der neuronalen Plastizität von molekularen Grundlagen bis zu komplexen Funktionen. Im Gegensatz zur populären biologisierenden Interpretation dieser Forschungsergebnisse, die nichts anderes ist als „schlechte Philosophie" (Habermas 2001), öffnen die Befunde eine neue Sicht auf die Bedeutung des Individuums: Psychosoziale Einflüsse haben während bestimmter Zeitfenster in der Entwicklung des Menschen mit erhöhter neuronaler bzw. synaptischer Plastizität dauerhafte Veränderung der Hirnfunktion zur Folge (Braun/Bogerts 2001, 5). Hiermit sind vor allem positive oder belastende (früh-)kindliche Lern- und Erfahrungsprozesse (gelungene oder misslungene emotionale Bindungen, Verluste, traumatische Erlebnisse oder emotionale Belastungen) gemeint.

Psychosoz. Einflüsse → Gehirn

Übereinstimmend zeigen die Forschungsergebnisse, dass das Gehirn auf schädigende wie auf förderliche Einflüsse mit großer Anpassungsbereitschaft reagiert. Diese große Formbarkeit (Plastizität) des Gehirns durch intensive Stimulierung oder Nutzung ist für die psychosoziale Veränderungsarbeit mit Menschen eine gute Nachricht. Man kann Grawe (2004, 137) insoweit folgen, als psychosoziale Erfahrungen das Gehirn hinsichtlich seiner funktionalen Abläufe und teilweise sogar in seiner strukturellen Beschaffenheit beeinflussen bzw. verändern können. Entstehen dann selbsttragende neue Strukturen, so werden beim Individuum Grundlagen für dauerhafte Verhaltensänderungen geschaffen. Auswirkungen dieser Ansätze therapeutischer Arbeit (einschließlich Sozialtherapie) lassen sich bislang nicht einschätzen, könnten aber durchaus von „revolutionärer Bedeutung" (Grawe 2004, 137) werden.

Weiterhin unbeantwortet bleibt die Frage, welche Art von psychosozialer Intervention besonders wirksam und effektiv ist, wenn man die neurowissenschaftlichen Erkenntnisse unter einem psychosozialen Aspekt interpretiert (Schüßler 2004, 425). Gesichert scheint, dass frühe Verletzungen – wie etwa des Bindungsbedürfnisses zu Bezugspersonen – tiefe Spuren im neuronalen System hinterlassen, die eine intensive und lang anhaltende psycho- und soziotherapeutische Begleitung benötigen, „nicht nur in der Therapiesituation, sondern auch in den realen Lebenssituationen des Patienten" (Grawe 2004, 442).

Es wird für die Klinische Sozialarbeit mit großer Verantwortung und Anstrengung verbunden sein, sich auf das integrative bio-psycho-soziale Modell einzulassen, verleiht jedoch ihrer Arbeit eine neue Qualität. Sie kann selbstbewusst konstatieren, eine *Fachsozialarbeit* zu sein, die die unterschiedlichen Dimensionen im Gesundheits- und Krankheitsgeschehen systematisch und aufeinander bezogen begreift und über psychosoziale Interventions- und Zugangsmethoden verfügt, die die Lebenssituation der Klienten würdigen und einbeziehen. Die Betonung des Psychosozialen bedeutet dabei nicht, die Leiblichkeit des Menschen zu ignorieren, diese ist vielmehr praktisch und theoretisch ein Thema der Sozialen Arbeit (Homfeldt 1999).

1.5.2 Salutogenese und Stärkenorientierung

Klinische Sozialarbeit distanziert sich vom pathogenetischen Krankheitsmodell der Medizin, das nach Erklärungen dafür sucht, warum Menschen in der Folge belastender Erfahrungen erkranken. Sie orientiert sich vielmehr an salutogenetischen Modellen, die eine neue Denk- und Handlungskultur beschreiben und den Blick dafür öffnen, wie Menschen ihr Leben trotz Krisen und Belastungen meistern und ihre familiären, sozialen und kulturellen Beziehungen konstruktiv gestalten.

Die Schlüsselfrage dabei lautet: Wie bleiben Menschen trotz schwerer Belastungen, Verlusten oder traumatischer Ereignisse gesund? Diese Denkrichtung hat insbesondere der Gesundheitswissenschaftler Antonovsky (1979) initiiert. Er forderte die Erforschung von Ressourcen, also jener Faktoren, die Personen angesichts belastender Ereignisse widerstandfähiger oder invulnerabel machen und somit zur Aufrechterhaltung von Gesundheit beitragen. Antonovsky begreift Gesundheit und Krankheit nicht als Zustände, die einander ausschließen, sondern als gegensätzliche Pole eines *Health-ease/Dis-ease*-Kontinuums; darin sieht er die größte Divergenz zur „krankheitsorientierten Denkrichtung der Schulmedizin", die „auf der Annahme einer fundamentalen Dichotomie zwischen gesunden und kranken Menschen" gründet (Antonovsky 1997, 23).

Gesundheit ist folglich kein stabiler Gleichgewichtszustand, sondern ein labiles, sich dynamisch regulierendes Geschehen, das in kontinuierlicher Auseinandersetzung mit alltäglichen Einflüssen steht. Antonovsky konnte sich bei seinen Arbeiten auf eine Vielzahl von Untersuchungen und Konzepten der sozialwissenschaftlichen Gesundheitsforschung stützen (z. B. Stress- und Bewältigungsforschung). Dazu zählen etwa die soziologische Theorie der Abhärtung (*Hardening*; Kobasa et al. 1982), das Konzept des *Coping* (Lazarus 1966), der erlernten Hilflosigkeit (Seligman 1975) sowie Forschungen zur *Self-Efficancy* (Selbstwirksamkeitserwartung; Bandura 1977).

Ungeachtet aller Unterschiede ist diesen Forschungsarbeiten die Erkenntnis gemeinsam, dass die Bewältigung belastender Lebensereignisse von lebensgeschichtlich erworbenen Überzeugungen abhängig ist, die ständig in Auseinandersetzung mit der sozialen Umwelt erarbeitet werden müssen. Im Mittelpunkt dieses Gesche-

hens stehen die Ressourcen. „Generalisierte Widerstandsressour-
cen" (*General Resistance Resources*; Antonovsky 1997, 34 ff) sind
Widerstandsfaktoren, die gesunde und psychisch stabile Menschen
mobilisieren, mit belastenden Lebens- und Alltagserfahrungen pro-
duktiv umzugehen und nicht krank zu werden. Sie umfassen etwa
das körpereigene Immunsystem, das „symbolische Kapital" wie
Intelligenz und Wissen, eine starke Ich-Identität, emotionale Sicherheit sowie kulturelle und religiöse Zugehörigkeit als Antwort gebende Instanz für Fragen nach dem Sinn des Lebens. Diese Ressourcen entwickeln sich in der familialen Sozialisation und der Teilhabe an und Einflussnahme auf gesellschaftliche Entwicklungen.
Sie sind folglich ein sozial geprägtes Potenzial, das ausgereift sein
muss, um belastende Lebensumstände zu bewältigen. Für die Soziale Arbeit ist bedeutsam, dass die generalisierten Widerstands-
ressourcen nicht allein wirksam werden können, sie sind an das
individuelle *Kohärenzgefühl* (*Sense of Coherence*) gekoppelt. Das
bedeutet, dass Ressourcen nicht per se wirksam sind, sondern erst,
wenn die Person über Kohärenz verfügt.

Unter dieser steuernden Moderatorvariablen für Gesundheit und
Krankheit wird eine Lebensorientierung sowie ein generalisiertes,
überdauerndes und dynamisches Gefühl des Vertrauens verstanden,
„dass die eigene innere und äußere Umwelt vorhersagbar ist und
dass mit großer Wahrscheinlichkeit die Dinge sich so entwickeln
werden, wie man es vernünftigerweise erwarten kann" (Hurrelmann/
Laaser 2003, 134). Demzufolge umfasst es ein positives Selbstbild
mit Vertrauen in die eigenen Fähigkeiten und Zuversicht, dass das
Leben sinnvoll, verstehbar und auch handhabbar ist.

Dies kommt auf drei Ebenen zum Ausdruck (Antonovsky 1997,
10 ff):

- der Verstehbarkeit (*Sense of Comprehensibility*): eine grundlegende
  Lebenseinstellung und ein überdauerndes und zugleich dynamisches
  Gefühl von Zuversicht; so sind etwa Krankheitserfahrungen interpre-
  tierbar und brechen nicht völlig unerklärlich und unbeeinflussbar über
  die betroffene Person herein

- der Machbarkeit (*Sense of Manageability*): die Überzeugung, dass dem
  Einzelnen verschiedene Ressourcen zur Problem- und Krisenbewältigung
  zur Verfügung stehen.

- der Bedeutsamkeit (*Sense of Meaningfulness*): das Leben wird als emotional und sinnvoll empfunden; Kranke sehen etwa die Anforderungen
  der Krankheit als eine Lebenskrise an, die es zu bewältigen gilt

Die Tatsache, dass die Komponenten des Kohärenzgefühls von sozialen und materiellen Lebensverhältnissen abhängig sind, lässt sich aus sozial- und gesundheitswissenschaftlichen Studien wie der erwähnten Demoralisierungsstudie schließen. Die Konstellation der Befragten umfasst hier die Erfahrung von Machtlosigkeit, Isolation und Sinnlosigkeit sowie von Ungerechtigkeit bei der Verteilung von materiellen und sozialen Gütern und dem Gefühl, dem Leben ausgeliefert zu sein. Hierin zeigt sich eindrucksvoll die Bedeutung des Kohärenzsinns bzw. seines Fehlens: „Wenn Menschen keine sinnhafte Ordnung in ihrem Leben finden oder entwickeln können, dann wirkt sich das in dem Phänomen der ‚Demoralisierung' aus" (Keupp 2004, 36).

Es ist eine Erfahrung in der Sozialen Arbeit, dass Menschen in Krisensituationen und anhaltender sozialer Not häufig den Zugang zu ihren Kompetenzen verlieren bzw. die Nutzung ihrer Ressourcen blockieren. Die Blockierung führt nicht selten zu einer Verlustspirale, eine Häufung von Widrigkeiten und Belastungen, die letztlich den Zugang zu Lösungen versperrt.

Antonovskys Modell liefert allerdings ein wenig dynamisches Bild gesellschaftlichen Lebens: Den sozial gut eingebundenen Menschen ist die Aktivierung und Nutzung ihrer Ressourcen eher möglich, während den sozial und psychisch besonders Bedürftigen die Nutzung und Aktivierung generalisierter Widerstandreserven verschlossen bleiben. Hier wirkt das salutogenetische Modell starr und für die *direkte Praxis* entmutigend.

Theoretische Konzepte wie das der Resilienzforschung (Saleebey 1997; Greene 2002), die ebenfalls salutogenetisch fundiert sind, entsprechen eher den Erfahrungen Klinischer Sozialarbeit. Diese Ansätze beruhen auf der Annahme der humanistischen Psychologie, dass jeder Mensch das Potenzial zu seiner Selbstaktualisierung in sich trägt und über innere regenerierende oder selbstheilende Widerstandskräfte (*resilience*) verfügt. Überzeugende Beispiele dafür liefern Kindern und Jugendliche, die trotz traumatisierender familialer Erfahrungen keine Auffälligkeit entwickeln. Sie gelten in der Literatur als stressresistent, unverwundbar (invulnerable) oder eben resilient, da sie den erheblich belastenden Lebensbedingungen zum Trotz protektive Faktoren ausbilden können. Nicht selten sind dies Personen außerhalb der Familie, tragfähige Beziehungskonstellationen, die emotional stützend und vertrauensbildend wirken (Lingg/Theunissen 2000, 181).

protektive Faktoren = Schutzfaktoren
machen den Menschen invulnerabel

Die in diesen Modellen enthaltene *Stärkenorientierung* ist für die Klinische Sozialarbeit von Bedeutung, da sie Wege zeigt, wie die psychosoziale Gesundheit durch Ressourcen und Bewältigung von Lebenslagen erhalten oder gestärkt werden kann. In der psychosozial beratenden und behandelnden Tätigkeit richtet sich die Aufmerksamkeit sowohl auf die Sicherung der materiellen Basis und der Alltagskompetenzen, als auch auf die Aktivierung versteckter Fähigkeiten der Klienten. Ferner konzentriert sie sich auf Personen und Kontexte in ihrem Lebensalltag, die positiv besetzt sind, und auf bislang unentdeckte und ungenutzte Entwicklungspotenziale. Das bedeutet nicht, dass offenkundige Schwächen, Einschränkungen und Defizite übersehen werden. Vielmehr besteht die Kunst darin, Klienten an ihre Lebensgeschichte heranzuführen, die für sie Sinn stiftet, sowie mit ihnen eine einbettende Kultur von Netzwerken zu schaffen.

Wenn Klinische Sozialarbeit die Expertise in der Arbeit auch mit schwer erreichbaren Menschen für sich in Anspruch nimmt, muss sie auf eine Vielfalt von Methoden des Zugangs und der Ressourcenerkundung zurückgreifen können, um Kulturen der gesellschaftlichen Zugehörigkeit zu erschließen. Menschen mit Respekt und Würde zu behandeln bringt diese Methoden erst zur Wirkung, verschafft die erforderliche Stabilität, um das Leben – mit der notwendigen Unterstützung – in die eigenen Hände zu nehmen oder zumindest eine Vorstellung davon zu gewinnen.

Der „klinische" Blick ist dabei sowohl auf die bio-psycho-soziale Ausstattung des Hilfesuchenden gerichtet, als auch auf den sozialen und materiellen Lebenskontext mit seinen gesellschaftlich strukturellen und kulturellen Bedingungen. Nur diese integrative Sicht- und Handlungsweise birgt die Chance, dass sich die berufliche Sozialarbeit aus dem medizinischen System befreien und dennoch klinisch wirksam werden kann.

2 Strukturbezogene Merkmale klinischen Handelns

Klinische Sozialarbeit ist wie Soziale Arbeit im Allgemeinen in konkrete gesellschaftliche Verhältnisse gestellt, also nur in Bezug auf Raum und Zeit bestimmbar. Wenn Sozialpolitik nur als „historischer Begriff" (Kaufmann) zu fassen ist, gilt dies allemal für die Soziale Arbeit, die dem Alltag und der Lebenswelt der Menschen nahe steht und auch im sozialstaatlichen Auftrag tätig ist – als „Agentur der Sozialpolitik". Die Strukturdebatte ist davon geprägt, dass die Klinische Sozialarbeit einerseits zur Sozialen Arbeit zählt, deren Einheit und fragile Identität sie nicht gefährden möchte, andererseits aber auch in das Soziale Sicherungs- und Gesundheitssystem eingebettet ist, in dem sie ihre Fachkompetenz gegen andere Ansprüche und Berufe behaupten muss. Insofern ist das Sozial- und Gesundheitswesen der *Rahmen* (Kap. 2.1), Gesundheitsförderung die *Aufgabe* (Kap. 2.2), Binnendifferenzierung die *Herausforderung* (Kap. 2.3) und Klinische Fachlichkeit eine *Antwort* (Kap. 2.4). Im Unterschied zur etablierten *Clinical Social Work* ist sie in Deutschland als *Fachsozialarbeit* ein neues Thema (Kap. 1 und 8). Wichtige Strukturmerkmale, fachliche Anerkennung und gesellschaftliche Bedeutung sind daher erst rudimentär ausgeprägt, allerdings ist die Entwicklungsdynamik beachtlich.

2.1 Soziales Sicherungs- und Gesundheitssystem – der Rahmen

In der langen Geschichte staatlicher Sozialpolitik hat sich ein System der Sozialen Sicherung entwickelt, zu dem auch das Gesundheitswesen mit seinen Einrichtungen und Maßnahmen zur Erhaltung, Förderung und Wiederherstellung der Gesundheit zählt. Grundlage jeglicher Sozial- und Gesundheitspolitik ist die Würde des Menschen (Art. 1 GG) und das Sozialstaatspostulat (Art. 20 und 28 GG; Kap. 4). Seine institutionelle Ausformung (inklusive

Sozialgesetze) ist der Rahmen für Sozial- und Gesundheitsberufe wie die Klinische Sozialarbeit. Daher ist ein Blick auf das Sozial- und Gesundheitswesen notwendig, bevor die Soziale Arbeit im Gesundheitswesen i. e. S. betrachtet und ihr Beitrag für die Entwicklung von Human- und Sozialkapital gewürdigt werden kann.

2.1.1 Sozial- und Gesundheitswesen

Im modernen Sozialstaat werden die Maßnahmen zur sozialen Sicherheit im System der Sozialen Sicherung zusammengefasst. Zur sozialen Sicherheit zählt seit der UN-Deklaration von 1948 der Anspruch jedes Menschen „auf eine Lebenshaltung, die seine und seiner Familie Gesundheit und Wohlbefinden, einschließlich Nahrung, Kleidung, Wohnung, ärztliche Betreuung und der notwendigen Leistungen der sozialen Fürsorge, gewährleistet", mit dem ausdrücklichen „Recht auf Sicherheit im Falle von Arbeitslosigkeit, Krankheit, Invalidität, Verwitwung, Alter oder von anderweitigem Verlust seiner Unterhaltsmittel" (Art. 25, Deklaration der Menschenrechte; United Nations 1994).

In Deutschland ist das Soziale Sicherungssystem durch die Organisationsprinzipien Versicherung (Sozialversicherung), Versorgung (Entschädigung) und Fürsorge (Sozialhilfe) bestimmt (*gegliedertes Sozialleistungssystem*). Funktional kann das *„Sozialwesen"* im Sinne der staatlichen Daseinsvorsorge für definierte Schutztatbestände vom *„Gesundheitswesen"* unterschieden werden, welches allerdings ebenfalls zu einem wesentlichen Teil sozialstaatlich reguliert ist. Immerhin ist die für das Gesundheitswesen maßgebliche gesetzliche Krankenversicherung (KV) eine der fünf „Säulen" der Sozialversicherung und – wie die meisten „sozialen Ansprüche" – im Sozialgesetzbuch geregelt (SGB I bis XII). Dessen „Allgemeiner Teil" (SGB I) listet einen Katalog sozialer Rechte auf, die der Verwirklichung sozialer Gerechtigkeit und sozialer Sicherung dienen sollen. Dazu zählen: Grundsicherung für Erwerbsfähige (SGB II) und Arbeitsförderung (SGB III), Sozialversicherung (SGB IV bis VII und SGB XI), Kinder- und Jugendhilfe (SGB VIII), Rehabilitation und Teilhabe behinderter Menschen (SGB IX) sowie Grundsicherung bzw. Leistungen zum Lebensunterhalt für Nichterwerbsfähige (Sozialhilfe; SGB XII). Dabei handelt es sich keineswegs nur um materielle Sozialleistungen (wie Geld- und Sachleistungen) die im *Sozialbericht* beschrieben und im *Sozial-*

Nationale und supranationale Gesundheitspolitik:

Verbände und Körperschaften

Gesundheitsgesetze der Länder

Gesundheitsgesetzgebung des Bundes

Gesundheitssystem und -politik der BRD

Gesundheitspolitik und Sozialpolitik der EU

Von der Ottawa-Charta zur Mexiko-Erklärung der WHO

Strukturelle Gesundheitsarbeit im sozialen Nahraum:

Lokale Gesundheitspolitik

Gesundheitsprojekte der Agenda 21

Kommunale Gesundheitsberichterstattung

Gesundheitsinitiativen und Selbsthilfebewegung

Organisation interprofessioneller Gesundheitsarbeit

Gesundheitszirkel in Settings (Schule – Betrieb – Klinik)

Organisationsentwicklung als Gesundheitsförderung

Gemeinwesenentwicklung und Stadtteilarbeit

Abb. 2: Gesundheitspolitik und Gesundheitsarbeit

budget der Bundesrepublik Deutschland ausgewiesen sind, sondern auch um soziale, beratende und erzieherische Hilfen. Sie werden zum größten Teil von Sozialarbeitern erbracht.

Das noch vorherrschende Konzept von *Sozialpolitik als Verteilungspolitik* (Liefmann-Keil) betont dabei den Aspekt der Umverteilung. Allerdings wird die faktische (Um-)Verteilungswirkung staatlicher Sozialpolitik kritisch gesehen, da der größte Teil der Sozialleistungen – die mit über 700 Mrd. Euro ein Drittel des Bruttoinlandsprodukts ausmachen – nicht zu einem Ausgleich zwischen Wohlhabenden und Bedürftigen führt, sondern Transfers innerhalb der gleichen Gruppe oder sogar desselben Bürgers bzw. Haushalts betrifft. Deshalb kommt den personbezogenen Hilfen (Beratung, Erziehung, Förderung) eine immer größere Bedeutung zu. Das gilt auch für Gesundheitsförderung und Klinische Sozialarbeit (Filsinger/Homfeldt 2001, 713):

„Mit der Einführung der gesetzlichen Krankenversicherung wurde der Prozess der Vergesellschaftung von Gesundheit und Krankheit vorangetrieben. Sie sichert die ärztlich-therapeutische Bearbeitung von Krankheiten, überbrückt krankheitsbedingte Krisen der Erwerbsfähigkeit und legitimiert über die ärztliche Krankschreibung die Abwesenheit vom Arbeitsplatz."

Wie für jedwede Sozialpolitik gilt auch hier der Doppelcharakter von sozialer Unterstützung Benachteiligter bzw. Berechtigter *und* Stabilisierung des Gesellschaftssystems (Gesundheit als funktionale Voraussetzung sozialer Systeme). Das mag auch erklären, weshalb die Verrechtlichung, Bürokratisierung und Ökonomisierung der Sozialpolitik, die von Achinger schon 1958 beklagt wurde, seither nicht geringer geworden ist. Das sozialrechtlich normierte Sozial- und Gesundheitswesen, in dem sich die Klinische Sozialarbeit bewegt, kennt viele Entscheidungsebenen. Es wird künftig stärker von supranationalen Regeln geprägt sein.

Gesundheitssysteme als gesellschaftliche Reaktion auf die „ärgerliche Tatsache" Krankheit umfassen alle Institutionen und Personen, die „die gesellschaftliche Aufgabe haben, Gesundheit zu erhalten und Krankheit zu bewältigen" (Waller 1995, 80). Zum Gesundheitswesen zählen folglich nicht nur sozialrechtliche Anspruchsgrundlagen sowie politische und sozioökonomische Rahmenbedingungen, sondern auch die formellen und informellen Ressourcen einschließlich der Erbringer von Gesundheits(-dienst-)leistungen. Die *Leistungserbringung* erfolgt nach Steen (2005) im Wesentlichen in folgenden drei Bereichen:

* ambulante Versorgung (z. B. Arztpraxen, Apotheken und andere Heilberufe)
* stationäre Versorgung (z. B. Krankenhäuser, Heime und Rehabilitationseinrichtungen)
* Öffentlicher Gesundheitsdienst

Daneben spielen die informellen Systeme wie Primärgruppen und soziale Netzwerke eine größere Rolle als gemeinhin angenommen wird. Bis zu 75 % aller Gesundheitsprobleme werden hier bewältigt, d. h. sie gelangen selten in das formelle Gesundheitssystem (Waller 1995, 86). Die *informellen* Gesundheitssysteme werden am ehesten von der beruflichen Sozialarbeit erreicht, die konsequent lebensweltbezogen ist. Nicht zuletzt daraus erwächst ihre Verantwortung und Chance zur Gesundheitsförderung vulnerabler Bevölkerungsgruppen. Nach der *Funktion* zu unterscheiden sind:

- vorbeugende Maßnahmen (Prävention)
- heilende Maßnahmen (Kuration) und
- unterstützend-integrierende Maßnahmen (Rehabilitation)

Nach der formalen *Trägerschaft* lassen sich die Planungs- und Entscheidungsträger (Bund, Land, Kommune und Selbstverwaltung) von den Leistungsträgern bzw. Anbietern unterscheiden. Diese gliedern sich in:

- öffentliche Träger (Körperschaften öffentlichen Rechts)
- frei-gemeinnützige Träger (Wohlfahrtsverbände)
- privat Träger (kommerzielle und *Nonprofit*-Organisationen)

Gesundheitsversorgungssysteme können schließlich auch nach dem Grad der staatlichen (zentral) und marktwirtschaftlichen Steuerung (dezentral) unterschieden werden. Wobei der *intermediäre Sektor* (zwischen Staat und Markt) besonders interessant ist. Auf die wachsende Bedeutung der Dienstleistungsproduktion und speziell der Sozialwirtschaft sei dabei nur hingewiesen (Arnold/Maelicke 2003). Für 2002 weist das Statistische Bundesamt 4,1 Mio. Beschäftigte im Gesundheitswesen, davon 2,1 Mio. im Gesundheitsdienstbereich aus. Von den *Gesundheitsausgaben* (ca. 300 Mrd. Euro) entfallen zwei Drittel auf *Behandlungskosten* (inklusive Arzneimittel) und ein Viertel auf *Krankheitsfolgekosten* (u. a. Rehabilitation). Mehr als die Hälfte davon trägt die gesetzliche Kranken- und Pflegeversicherung.

2.1.2 Sozialberufliche Dienstleistungen

Zu den Strukturmerkmalen zählt die erstaunliche Expansion der Dienstleistungsberufe (*Dienstleistungsgesellschaft*). So haben sich die Sozial-, Erziehungs- und Gesundheitsberufe seit den 60er Jahren verzehnfacht (!) und machen mittlerweile rund 12,5% der Erwerbstätigen aus. Aber auch innerhalb dieser Berufsgruppen gibt es signifikante Verschiebungen. Verhielt sich die Zahl der Lehrer zu den Gesundheits- und Sozialberufen 1925 noch zehn zu eins, hat sich das Verhältnis tendenziell umgekehrt. Inzwischen übertreffen die Gesundheitsberufe (1,76 Mio.) und sozialen Berufe (1,13 Mio.) den Lehrerberuf (1,02 Mio.) im Verhältnis von drei zu eins (Rauschenbach/Züchner 2001, 1651).

In dem Maße, in dem die Logik von Markt und Wettbewerb auch

Dienstleistungs-arbeit

für bisher „öffentliche" bzw. sozialstaatliche Aufgaben an Bedeutung gewinnt, muss Soziale Arbeit als personenbezogene soziale Dienstleistung den Anforderungen an moderne Dienstleistungsberufe gerecht werden (Olk/Otto 2003) – was einer Profession, die sich als „beruflich geleistete Solidarität mit Menschen, insbesondere mit Menschen in sozialen Notlagen" versteht (Präambel der berufsethischen Prinzipien des Deutschen Berufsverbandes für Soziale Arbeit; DBSH 1997), nicht leicht fallen kann. Dies wird in der derzeitigen Krise des Gesundheitssystems jedoch verstärkt gefordert. Wie das System effizienter werden kann, ohne das Solidarprinzip aufzugeben, welche Schnittstellenprobleme vorhanden sind und wie diese gelöst werden können, ob und welche Leistungskürzungen möglich und sinnvoll sind, ohne die Qualität zu gefährden, sind drängende Fragen. „Nicht nur das deutsche Gesundheitswesen, auch die Gesundheitspolitik ist offensichtlich schwer erkrankt und das diagnostische Leitsymptom ist ihre eklatante Kurzatmigkeit" (Laaser/Schwalbe 1999, 15) – auch das gehört zum „Rahmen", in dem sich die Soziale Arbeit derzeit bewegt.

Mag die Identifizierung von *Sozialarbeit im Gesundheitswesen* noch unstrittig sein, ist das Verständnis von *Gesundheitsarbeit im Sozialwesen* durchaus klärungsbedürftig. Mittlerweile scheint nicht einmal mehr das Verhältnis von Sozialwesen und Gesundheitswesen eindeutig zu sein: Handelt es sich um gleichrangige gesellschaftliche Subsysteme (wie manche meinen), ist das Gesundheitswesen ein Bereich des Sozialwesens (weil sozialstaatlich begründet) oder ist gar umgekehrt das Sozialwesen als Teil des immer weiter ausgreifenden Gesundheitssystems zu verstehen (wie die Gesundheitspolitik suggeriert)? Dabei handelt es sich keineswegs um rein terminologische oder typologische Fragen, vielmehr sind damit Definitionsmacht und Zugriffsrechte (auf Aufgaben und Ressourcen) verbunden, die nicht nur für Klienten – die damit gegebenenfalls zu Patienten werden – sondern auch für die Sozialberufe erhebliche Konsequenzen haben.

In der vorliegenden Buchreihe werden unter dem Leitthema „Soziale Arbeit im Gesundheitswesen" unterschiedliche Funktionsbereiche systematisch abgehandelt: Rehabilitation, Suchtprävention, Hospiz und *Palliative Care*, Sozialpädiatrie und Frühförderung, Krankenhaus, Öffentlicher Gesundheitsdienst, Psychiatrie, Pflege, Prävention, Integrierte Versorgung. Der Gesundheitsaspekt ist hier evident. Selbst Fachleuten ist jedoch häufig der Umfang und Stellenwert der Sozialarbeit im Gesundheitswesen nicht klar. Da inzwischen rund 20% aller Sozialarbeiter und Sozialpädagoginnen hier beschäftigt sind, wurde das Gesundheitswesen nach dem Jugendhilfebereich zu ihrem zweitwichtigsten Berufsfeld.

2.2 Gesundheitsförderung – die Aufgabe

Gesundheitsförderung als Leitbegriff und Programm der WHO setzt sich allmählich durch. Auf der Basis der Ottawa-Charta von 1986 und der Jakarta-Erklärung von 1997 (BzgA 2003, 73) wird darunter ein Prozess verstanden, der Menschen befähigen soll, mehr Kontrolle über ihre Gesundheit zu erlangen und diese auch durch Beeinflussung der äußeren Umstände zu verbessern. Wegen ihrer prinzipiellen Gefährdung stand die Gesundheit der Menschen – einzeln und in Kollektiven – jedoch von Anfang an auf der Agenda der Sozialreform und Sozialen Arbeit. Der doppelte Fokus (Gesundheits-)Verhalten und (Gesundheits-)Verhältnisse ist konstitutiv für die Sozialarbeit. Daher sind Gesundheitserziehung und Gesundheitsförderung sozialberufliche Aufgaben, die in Beziehungs- und Lebenskrisen oft Beratung und Behandlung – also Klinische Sozialarbeit – erforderlich machen.

2.2.1 Gesundheitsverhalten und Gesundheitsverhältnisse

Gesundheit und Krankheit sind keine rein objektiven Realitäten, sondern von subjektiven und sozialen Einschätzungen (mit-)bestimmt. Selbst die subjektiven Vorstellungen, die in der Gesundheitsforschung an Bedeutung gewinnen, sind stark von gesellschaftlichen Mustern geprägt (u. a. durch Geschlecht, Alter, Bildungsstand, sozioökonomischen Status). Gesundheit und Krankheit sind deshalb in weit größerem Maße sozial bestimmt, als die Biomedizin wahrhaben möchte (Kap. 1). Beide sind für das Individuum und für die Gesellschaft bedeutsam. Im Unterschied zur öffentlichen Reformdebatte, die fast ausschließlich auf die Individuen als „Nutzer" des Gesundheitssystems zielt, war sich eine methodenbewusste Sozialarbeit des Doppelcharakters von Gesundheitsverhalten und Gesundheitsverhältnissen, aber auch von individueller und öffentlicher Gesundheit, stets bewusst. Dies kommt in professionstypischen Begriffspaaren wie *Social Work and Social Welfare* oder *Sozialverhalten und Sozialverhältnisse* anschaulich zum Ausdruck und bedeutet in praxi, bei aller Wertschätzung der einzelnen Person den institutionellen und politischen Aspekt nicht zu vernachlässigen (Mühlum 2004a).

intern   Als *Gesundheitsverhalten* können alle Bemühungen von Menschen verstanden werden, die eigene körperliche, seelische und soziale Gesundheit zu erhalten oder zu verbessern und Erkrankungen zu vermeiden. *Gesundheitsverhältnisse* sind dagegen vor allem externe Faktoren, die sich auf die menschliche Gesundheit auswirken. extern Bereits die Pionierinnen der Sozialarbeit thematisierten den Zusammenhang von Armut und (mangelnder) Gesundheit (Mühlum et al. 1997), und in moderner Variante fokussiert Staub-Bernasconi (1998) die Ausstattungs- und Durchsetzungsprobleme von Klienten (körperlich, kognitiv, ökonomisch, psychosozial), die im Hinblick auf Wohlergehen und Lebensqualität der Betroffenen die berufliche Sozialarbeit herausfordern. Der empirisch erwiesene Zusammenhang von Armut bzw. Benachteiligung und eingeschränkten Gesundheitschancen (Mielck 2002; Altgeld/Hofrichter 2000) legt nahe, die klientenzentrierte Vorgehensweise durch strukturelle Einwirkungen auf die Lebensumstände zu flankieren. Dieser der Sozialarbeit inhärente Doppelfokus gilt auch für die Klinische Sozialarbeit. Mag die Soziale Arbeit die Gesundheitspolitik nur marginal beeinflussen können, ist ihr Beitrag zur Verbesserung der Gesundheitsverhältnisse im *sozialen Nahraum* umso bedeutsamer, da sie hier auf (fast) allen Ebenen ansetzen und ihren spezifischen Beitrag leisten kann (Abb. 2).

Die *Gesundheitspolitik* ist noch immer fast ausschließlich auf Krankheitsbekämpfung und Krankenversorgung konzentriert und vernachlässigt die Prophylaxe im Kleinen (Verhalten) wie im Großen (Verhältnisse). Die Prioritäten des Gesundheitswesens liegen nach wie vor bei der Akut- und Notfallmedizin, kaum bei der Rehabilitation und noch weniger bei Prävention und Gesundheitsförderung. Daraus folgt, dass die Soziale Arbeit dem biomedizinischen Behandlungsmodell ihr eigenes ganzheitliches, bio-psychosoziales Konzept entgegensetzen sollte. Dafür sprechen nicht nur ihre Berufstradition, sondern auch das erwähnte WHO-Verständnis. Wenn sich die Medizin im Wesentlichen auf das Körperliche konzentriert, muss die Sozialarbeit umso nachdrücklicher das Psychosoziale betonen. Die zentrale Botschaft für „*Social Work in the Health Field*" lautet nach Cowles (2000, IX):

Gesundheitspolitik: fast nur krankheitsbekämpfung

„To expand the focus of their attention from preoccupation with repairing human problems (curing) to a more supportive approach to helping (caring) at each level of health intervention: (1) prevention, (2) remediation of existing health problems, and (3) compensation for chronic or terminal health problems."

Neben dem Versuch, die gesamte Sozialarbeit für gesundheitsdienlich zu erklären und als „Gesundheitsarbeit" zu qualifizieren, wird der Gesundheitsanspruch beruflicher Sozialarbeit klarer, wenn sie in Institutionen des Gesundheitswesens platziert ist, also immer dann, wenn „öffentliche Gesundheitsanliegen" bzw. „Gesundheitsaufgaben im öffentlichen Auftrag" verfolgt werden. Auch wenn sie dort nicht ausdrücklich Krankheiten bekämpft, dient ihre Einwirkung auf Patienten (personzentriert) und deren soziales Umfeld (sozialraumorientiert) der Gesundung und dem Wohlergehen der Betroffenen – theoretisch fundiert etwa im *Anforderungs-Ressourcen-Modell* (Becker 2003, 13 ff) und im *Health-Belief-Modell* (Naidoo/Wills 2003, 220 ff).

2.2.2 Von Gesundheitserziehung zu Gesundheitsförderung

Gezielte Einwirkungen zur Verbesserung von Gesundheit können auf unterschiedlichen Philosophien und Konzepten beruhen. Begriffe wie Gesundheitsaufklärung, Gesundheitserziehung und Gesundheitsförderung deuten dies an. Sie sind nicht an eine bestimmte Berufsgruppe gebunden, allerdings variieren Vorgehensweisen und Interventionsformen in Abhängigkeit vom Auftrag und beruflichen Selbstverständnis der beteiligten Professionen. Die Chancen einer erzieherischen Einwirkung auf Klienten werden derzeit überwiegend kritisch kommentiert. Nach Franzkowiak und Wenzel (2001, 717) ist *Gesundheitserziehung*

„individuums-, symptom-, krankheits- und verhaltensfixiert; ihr Aufklärungs- und Erziehungsmodell ist expertengestützt. Partizipation wird auf Teilnahme an Trainingsmaßnahmen bzw. Compliance gegenüber medizinischen Anweisungen verkürzt. Die komplexe Lebensweise der AdressatInnen wird reduziert auf epidemiologisch objektivierbare Verhaltenselemente (‚life style?). Widerstand gegenüber fremdbestimmten Verhaltensänderungen wird dem Individuum als persönliche Schuld an nachfolgender Erkrankung zurückgespiegelt (‚blaming the victim?). Lebenslagen und Lebensbedingungen von Individuen und Kollektiven sind unzureichend reflektiert und werden den epidemiologischen Maßzahlen der Mortalität bzw. Morbidität untergeordnet. Vielen Ansätzen der Gesundheitserziehung unterliegt konzeptionell wie pragmatisch eine unreflektierte Mittelschichts-Orientierung."

Demgegenüber versucht eine methodenbewusste Sozialarbeit psychosoziale und sozialökologische Dimensionen von Gesundheit und Krankheit zu berücksichtigen und Handlungsansätze zu entwickeln, die weniger von defizitorientierten Mustern der Risikovermeidung und Krankheitsbekämpfung als von ressourcenorientierten Strategien der Gesundheitsförderung bestimmt sind. Sie unterstützt vor allem vulnerable Gruppen darin, Einfluss auf die eigenen gesundheitlichen Belange zu nehmen, inklusive der Lebensbedingungen in Familie, Betrieb, Nachbarschaft (*Setting*-Ansatz). Epidemiologische Studien bestätigen im Übrigen die sozialberufliche Erfahrung, dass Unsicherheit, Zukunftsangst, mangelndes Selbstvertrauen verstärkt bei sozial Benachteiligten auftreten. Da dieses Demoralisierungssyndrom (Kap. 1) das Gegenteil von Kohärenzerfahrung ist, gerät *Gesundheitsförderung* fast zwangsläufig zur Sozialarbeit und vice versa, denn sie zielt „auf einen Prozess, allen Menschen ein höheres Maß an Selbstbestimmung über ihre Gesundheit zu ermöglichen und sie damit zur Stärkung ihrer Gesundheit zu befähigen" (Ottawa-Charta 1986).

Gesundheitliche Ungleichheit zu verringern und Gesundheitsverhältnisse zu verbessern ist erklärtes Ziel der WHO. Die wichtigsten Vulnerabilitätsfaktoren sind Unterschichtzugehörigkeit, Arbeitslosigkeit und fehlende soziale Unterstützung, also zentrale Aspekte der Sozialarbeit (Brieskorn-Zinke/Köhler-Offierski 1997; Homfeldt/Hünersdorf 1997). Die Ottawa-Charta selbst basiert auf Sozialarbeit und Gemeinwesenarbeit, ohne dies allerdings deutlich zu machen. Umso wichtiger wäre es, die Gesundheitsförderung als originär sozialarbeiterischen Auftrag umzusetzen, da sie dem beruflichen Selbstverständnis mehr entspricht als eine am Risikofaktorenmodell orientierte paternalistische Gesundheitserziehung. Die Unschärfe der Begriffe und konkurrierende Modelle erschweren allerdings eine Klärung (Naidoo/Wills 2003; BZgA 2003).

Soweit Gesundheitsförderung im Unterschied zur Gesundheitserziehung auf Selbstbestimmung setzt, um Kompetenz, Autonomie und Selbstverantwortung von Einzelnen, Gruppen und Gemeinwesen zu stärken, zählt sie nach unserer Überzeugung zum Aufgabengebiet der Sozialen Arbeit; und dies weniger als Ausfluss der

Gesundheitswissenschaften, vielmehr nach eigenen theoretischen Konzepten der anwendungsorientierten Sozialarbeitswissenschaft (Mühlum 2004).

2.3   Binnendifferenzierung – die Herausforderung

Berufs- und ausbildungspolitisch wird die Frage kontrovers diskutiert, ob Generalisten oder Spezialisten den Anforderungen der Zeit – hier mit Blick auf Gesundheit und Gesundheitsförderung – eher gerecht werden. Möglicherweise ist die richtige Antwort nicht ein Entweder-oder, sondern ein richtig verstandenes Sowohl-als-auch. Die Herausforderung ist bedrängend, da sich die Berufsgruppe historisch stets über „Ganzheit" und „Person-in-der-Situation" (Hamilton 1940) definierte, – Perspektiven die nun infrage gestellt werden. In jedem Falle ist die Binnendifferenzierung zum Thema geworden und ist im disziplinären Dreieck von Praxis, Ausbildung und Fachwissenschaft zu entscheiden.

2.3.1 In der Praxis: Generalisten versus Spezialisten

In der Praxis dominieren ein sozialberufliches Selbstverständnis und Aufgaben, die von der genannten Ganzheitsperspektive bestimmt sind. Sie finden im systemischen Theorie- und Methodenansatz ihre fachgerechte Begründung. Auch wenn die generalistische Orientierung in den Fachhochschulen (noch) einhellig vertreten wird, haben sich sowohl im Berufsfeld als auch innerhalb des formal einheitlichen Diploms unterschiedliche Schwerpunkte und Vertiefungsbereiche gebildet, die in der beruflichen Fort- und Weiterbildung noch ausdifferenziert wurden. Werden Stellenbesetzungen gar von Zusatzqualifikationen abhängig gemacht, handelt es sich um eine *verdeckte Spezialisierung*. Damit steht diese wieder auf der Agenda. Schon die Pionierinnen forderten infolge der Problemvielfalt und der weit gefächerten Praxis in so genannten Sonderfürsorgebereichen eine spezifische Fachlichkeit, d. h. spezielle Kenntnisse für funktionale Teilbereiche, wie etwa die Gesundheits- und Wirtschaftsfürsorge der 20er Jahre. Gerungen wurde in der Berufsgeschichte demnach stets um die richtige Art und Tiefe der Fachkompetenz. Der neue Spezialisierungsdiskurs, der mit den

Studiengängen Klinische Sozialarbeit und Sozialmanagement begann, gerät nun jedoch zur Grundsatzdebatte um Vorzüge und Probleme einer Spezialisierung und Höherqualifizierung, für die der Terminus *Fachsozialarbeit* vorgeschlagen wurde. Risiken und Chancen einer differenzierten Fachlichkeit werden von der Deutschen Gesellschaft für Sozialarbeit (DGS Symposion Fachsozialarbeit 2002) und vom Berufsverband (DBSH Forum Sozial 2001) unterschiedlich eingeschätzt. Die zentrale Frage lautet (Mühlum 2001a): Wie viel Spezialisierung braucht – und verträgt – die Soziale Arbeit?

Wie fragwürdig allerdings die Polarisierung der Debatte um *Generalisten versus Spezialisten* ist, zeigt die scherzhafte Radikalisierung: Der Spezialist weiß immer mehr von immer weniger, bis er alles von nichts weiß; beim Generalisten ist es umgekehrt: Er weiß immer weniger von immer mehr, bis er nichts mehr von allem weiß. Da es gute Gründe für die Ganzheitsbetrachtung, aber ebenso für fachliche Schwerpunkte gibt, sind Modelle gefragt, die beide Positionen ermöglichen oder sogar verknüpfen (Berufsrolle des „spezialisierten Generalisten"). Wenn das Ganzheitsparadigma nicht mit Allzuständigkeit oder einem Alleinstellungsmerkmal verwechselt, sondern theoretisch fundiert, praktisch-methodisch eingelöst und unter divergenten Bedingungen situationsspezifisch modifiziert wird, kann die Verknüpfung gelingen (Pauls 2004, 11):

„Die generalistisch orientierte Sozialarbeit ist . . . notwendiger denn je, hat sie doch die Aufgabe, einen Verbund institutionalisierter Lebenslagen und Hilfestrukturen für Menschen zu schaffen, die im Modernisierungsprozess bereits zu Schaden gekommen sind. Doch bei den gesundheits- und krankheitsbezogenen Aufgabenstellungen im Sozial-, Gesundheits-, Erziehungs- und Justizwesen konfrontieren die schwierigen Problemlagen der Klienten die Profession mit spezifischeren Anforderungen an Wissen und methodischer Kompetenz."

2.3.2 In der Ausbildung: Stufenabschlüsse und Schwerpunkte

Der Fachbereichstag Soziale Arbeit definiert den ersten berufsqualifizierenden Abschluss „Bachelor" zu Recht generalistisch. Bei komplikationsreichem Krankheitsverlauf, psychischen oder psychiatrischen Störungen, chronischen Schmerzen, Traumatisierung und

Verzweiflung bis hin zu Suizidkrisen ist jedoch ein klinisch-fachlicher Beitrag gefragt, der über die Handlungskompetenz hinausgeht, die vernünftigerweise von einer grundständigen, generalistischen Ausbildung erwartet werden kann. Das bedeutet, es werden Kenntnisse und Fertigkeiten gebraucht, die eine *Allround*-Ausbildung nicht vermittelt. Immerhin gibt es vereinzelt Studienangebote, die über eine allgemeine Gesundheitsrelevanz hinausgehen und beispielsweise auf die institutionellen Besonderheiten des Gesundheitswesens oder auf die beschriebene Gesundheitsförderung vorbereiten. Sie helfen bei der Entwicklung einschlägiger, d. h. spezifischer, Gesundheitskompetenzen. Doch auch diese Kompetenzebenen reichen nicht (mehr) aus. Sie bedürfen der Ergänzung um eine weitere Qualifikationsstufe, die auf Beratung und Behandlung von Menschen in besonders schwierigen Belastungen und Verstrickungen vorbereitet. Da dies die grundständige Ausbildung nicht leisten kann, ist eine postgraduale Spezialisierung und klinische (Lern-)Praxis notwendig, die künftig auf dem Master-Level angesiedelt sein wird. Daraus folgen drei Ausbildungsebenen:

- ein generalistisches, grundständiges Studium mit Bachelor- oder Diplomabschluss, das die fachwissenschaftlichen Grundlagen der Sozialarbeit vermittelt und berufsfähig macht;
- zertifizierte Zusatzqualifikationen im Rahmen von Fortbildung und reflektierter Berufspraxis mit Lösungsansätzen für definierte Arbeitsfelder und Zielgruppen;
- postgraduale Studiengänge mit Master-Abschluss oder Promotion für spezifische Aufgaben, z. B. patientenzentriert in der Klinischen Sozialarbeit und managementbezogen in der Sozialwirtschaft.

Erst beim dritten Kompetenzgrad kann von *Fachsozialarbeit* gesprochen werden, die zum Prüfstein der Professionsentwicklung werden dürfte.

Kritisiert wird die Eigendynamik des Prozesses, der kaum revidierbar ist, dazu gehört ein Wildwuchs von Bachelor- und Master-Studiengängen, deren Sinnhaftigkeit sich bisweilen so wenig erschließt wie ihre Zuordnung zum *Social Work*. Damit droht die ohnehin große Spannweite der Sozialen Arbeit so überdehnt zu werden, dass nicht mehr von einem gemeinsamen Projekt gesprochen werden kann. Nur wenn die Einordnung in Soziale Arbeit bzw. *Social Work* gelingt, können Master-Abschlüsse das Fach weiterentwickeln und den Absolventen Aufgaben in Forschung und

Lehre eröffnen. Das ist eine der Hoffnungen, die auf diesem Abschluss ruhen – wenn auch unterschiedlich bei Konsekutiv- und Weiterbildungs-Master sowie bei anwendungs- und forschungsorientierten Profilen.

Notwendig ist in jedem Falle die Klärung, welchen Weg die Profession auf mittlere Sicht einschlagen soll. Ohne das Postulat der ganzheitlichen Orientierung grundsätzlich infrage zu stellen, bedarf es einer Fachlichkeit, die ihre Gesundheitskompetenz stufenweise erhöht und ihr Profil in Gesundheitsbelangen schärft (Mühlum 2004a). Die notwendige Binnendifferenzierung sollte nicht bloß pragmatisch erfolgen, sondern im disziplinären Dreieck von Praxis, Lehre und Forschung fundiert sein. Daraus folgt ein eigenes *Gesundheitsprofil* der Sozialen Arbeit.

Dieses Neun-Felder-Schema ist erst unvollkommen realisiert, entwirft jedoch das sozialberufliche Gesundheitsprofil der Zukunft.

Tab. 1: Kompetenzstufen in Praxis, Lehre und Wissenschaft

	SAP Sozialarbeits-praxis	SAL Sozialarbeits-lehre	SAF Sozialarbeits-forschung
I. SA als allgemeine Gesundheits-aufgabe	Gesundheits-relevanz aller SA wird betont = Gesundheits-arbeit	Gesundheit als Thema der Basis-Ausbildung (Diplom)	z. B. vulnerable Gruppen als Aufgabe der „Alltags-Sozialarbeit"
II: SA als spezifische Gesundheits-aufgabe	Gesundheits-förderung als spezifische Aufgabe = Gesund-heitssoz.arbeit	Gesundheits-kompetenz als Schwerpunkt (Zertifikat)	z. B. Begleit-forschung in gesundheits-fördernden Projekten
III. SA als klinische Fachsozial-arbeit	spezialisierte Beratung und Behandlung = Klinische Sozialarbeit	Klinische Fachlichkeit als Aufbaustudium (Master/	z. B. Wirksamkeits-studien und Therapie-forschung

Es drückt eine Binnendifferenzierung aus, die sich vervielfacht, wenn weitere Funktionsbereiche wie Sozialmanagement und Sozialwirtschaft entsprechend entwickelt werden. Zur Klarheit könnte künftig eine vierstufige Taxonomie beitragen:

- *Master of Arts (M.A.)*, spezifiziert hinsichtlich
- *Studienrichtung* (Soziale Arbeit bzw. Social Work),
- *Fachrichtung* (z. B. Klinische Sozialarbeit) und gegebenenfalls
- *Vertiefungsbereich* (z. B. Psychiatrie)

Damit wäre nicht nur die notwendige Transparenz, sondern eine sachlogische Einordnung gegeben, die in Ausbildung und Praxis bisher vermisst wird. Dem Selbst- und Fremdbild der Profession könnte eine solche Klärung nur dienlich sein – nicht nur im Kontext der Gesundheitsberufe.

2.4 Klinische Fachlichkeit – eine Antwort

Unter den skizzierten Rahmenbedingungen (Gesundheitssystem) und Aufgabenstellungen (Gesundheitsrelevanz) ist eine weiter gehende Qualifizierung (Binnendifferenzierung) der Sozialen Arbeit geboten, wenn sie ihre spezifische Klientel bei der Krankheitsbewältigung und Gesundheitsförderung substanziell unterstützen möchte. „Klinisch" stellt zunächst einen Zusammenhang mit Krankheit her (Kap. 1), d. h. wo immer Interaktionen mit Patienten stattfinden, könnte dies als klinisch bezeichnet werden. Im strengen Sinne wird von „KlinSA" jedoch nur bei eigenständiger Beratung und Behandlung gesprochen, die an besondere Voraussetzungen gebunden ist. *Beratung* unter besonders schwierigen Umständen und eigenständige *Behandlung* setzen eine Fachkompetenz voraus, die nur auf der Basis klinischer Praxis und einschlägiger Weiterbildung erworben werden kann. Sie geht in Wissen, Können und Haltung über das hinaus, was eine grundständige Ausbildung leistet und muss sich an fachlich-qualitativen Standards messen lassen und bewähren.

2.4.1 Fachsozialarbeit: Wissen, Können, Haltung

Im sozialberuflichen Alltag können derart schwerwiegende Störungen, psychosoziale Belastungen und Krisen auftreten, dass Einwirkungen unterschiedlicher Intensität und Methode notwendig sind, die aufgrund ihrer *personalen Intensität* „klinisch" genannt werden. Ebenso sind Interventionen zur Umstrukturierung des sozialen Umfeldes denkbar, die als *Sozialtherapie* dieses Prädikat verdienen.

Unter Bezug auf *Clinical Social Work* (Dorfman 1996) bietet sich dafür der Begriff *Klinische Sozialarbeit* an (Pauls 2004; Dörr 2002; Gödecker-Geenen/Nau 2002). Es handelt sich dabei nicht um eine Übertragung des amerikanischen Modells, auch soll nicht etwa die Psychotherapie kopiert werden, wie Unterschiede hinsichtlich *Setting*, Inhalt, Struktur und Regeln zeigen (Crefeld 2002; Ansen 2000). Während die psychotherapeutische Behandlung zuerst auf eine Reorganisation intrapsychischer Prozesse zielt, betont Sozialarbeit stets die interpersonale Entwicklung und Person-Umwelt-Beziehung. Im Übrigen könnten die vier „Wirkprinzipien der Psychotherapieforschung" – Klärung, Problemaktualisierung, Ressourcenaktivierung und Problembewältigung – der Sozialen Arbeit entlehnt sein und bekräftigen insofern ihren „klinischen Anspruch". Der Graben zur Klinischen Psychologie ist nicht so tief, wie oft vermutet wird.

„Klinisch bedeutet beratende und behandelnde Sozialarbeit, gleich ob sie ambulant, teilstationär oder stationär erbracht wird. Sie umfasst Theorien und Methoden der psychosozialen Beratung, Intervention, Prävention und Rehabilitation, die auf wissenschaftlichen Erkenntnissen beruhen und professionell angewandt werden." (Kooperativer Master-Studiengang „Klinische Sozialarbeit" FH-Coburg/ASFH-Berlin)

Konkret ist an Interventionsformen der Sozialtherapie, Soziotherapie (siehe dazu Kap. 4.3.2) und Suchttherapie zu erinnern, weiterhin an individual- und familientherapeutische Verfahren, an Psychoedukation und Krisenintervention, um nur das Wichtigste zu nennen (Kap. 6). Die klassische Methodentrias wird dabei im Interesse der Versorgungsoptimierung erweitert, um problembezogen und zielgenau beraten und behandeln zu können. Manches davon ist nur mit Zusatzqualifikationen leistbar, wie etwa für die Arbeit mit traumatisierten Jugendlichen beschrieben wurde (Gahleitner 2005). Ähnliches gilt für die Unterstützung bei gravierenden lebensverändernden Ereignissen in der Rehabilitation (Kap. 3).

Die klinische Ausformung hat auf mehreren Ebenen in Praxis und Theorie begonnen. Crefeld (2002) verortet sie systematisch als praxeologisch-wissenschaftliches Spezialgebiet innerhalb der Disziplin Soziale Arbeit und betont, dass auch durch standardisierte Weiterbildung qualifizierte Sozialarbeiter (z. B. der Suchttherapie oder Psychiatrie) ihre theoretische Grundlage in der Klinischen Sozialarbeit finden. Im „Plädoyer für Klinische Sozialarbeit" des Arbeitskreises für Sozialarbeit und Gesundheit (2001, 316) wird sie vorläufig bestimmt als *Teildisziplin der Sozialen Arbeit*, „die sich mit schwerwiegenden, Leid verursachenden psychosozialen Störungen sowie den sozialen Aspekten psychischer und somatischer Abweichungen, Störungen, Krankheiten und Behinderungen unter Berücksichtigung der Lebenslage der Betroffenen befasst."

2.4.2 Qualifizierung und Qualitätssicherung

Mit dem klinischen Anspruch sind neue Anforderungen an die inhaltliche und formale Qualifikation verbunden. Als Modell bietet sich eine Differenzierung analog zum Facharztsystem an: Grundlegende Gesundheits- und Methodenkompetenz sollte die generalistische Ausbildung grundständig vermitteln, darauf kann eine qualifizierte Fort- und Weiterbildung z. B. als Aufbaustudium mit Master-Abschluss aufbauen. Derzeit gibt es zwei Formen der Anerkennung bzw. des Nachweises einer spezifisch klinischen Fachkompetenz:

- Zertifizierung durch die Zentralstelle für Klinische Sozialarbeit (ZKS) als „Klinische Sozialarbeiterin bzw. Klinischer Sozialarbeiter"; auf der Basis klinischer Praxis, einschlägiger Zusatzausbildung und Supervision, mit der Option auf ein europäisches Zertifikat;
- Master-Abschluss in einem postgradualen Studiengang „M.A. in *Social Work*, Fachrichtung Klinische Sozialarbeit" (derzeit an Hochschulen in Coburg und Berlin), der den Kompetenzgrad Fachsozialarbeit begründet.

Dahinter steht die Überzeugung, dass es bereits unterschiedliche Formen der Expertenschaft in der Sozialen Arbeit gibt (z. B. berufsfeldbezogen, zielgruppenspezifisch oder methodenorientiert), dass eine vertiefte Fachlichkeit jedoch einen angemessenen Ausdruck und verlässliche Standards braucht, die formal abgesichert sein müssen. Die Sektion Klinische Sozialarbeit unterstützt diesen Prozess – unter anderem mit dem Positionspapier „Klinische Kompetenzen" (Pauls/Mühlum 2004) – ohne der Sozialen Arbeit den Irrweg einer Therapeutisierung nahe legen zu wollen. Viel mehr sind Multiprofessionalität und Transdisziplinarität gefragt, für die allerdings in inhaltlicher, methodischer und didaktischer Hinsicht noch Pionierarbeit zu leisten ist.

bis S. 66 lesen, Kap. 3

3 Zielgruppen Klinischer Sozialarbeit

Unterschiedliche Krankheiten und Beeinträchtigungen ermöglichen Aussagen über die individuellen Bedürfnisse der betroffenen Personen, erfordern jedoch auch spezifische Kompetenzen. Da verschiedene Einteilungskriterien anwendbar sind, werden in einem ersten Schritt das Störungsverständnis Klinischer Sozialarbeit und grundlegende Merkmale ihrer Klientel skizziert (Kap. 3.1), um dann die Adressatengruppen etwas genauer zu betrachten (Kap. 3.2). Stets wird dabei eine psychosoziale Perspektive eingenommen, die als „klinischer Blick" am Beispiel traumatisierter Personen geschärft werden kann (Kap. 3.3). Ein konstitutives Element sozialberuflicher Beratung und Behandlung ist die Einbeziehung des sozialen Umfeldes, auch im Hinblick auf Schwerkranke und chronisch Kranke und im Kontext psychiatrischer Versorgung. Dem sozialen Nahraum und den Angehörigen kommt dabei eine besondere Bedeutung zu (Kap. 3.4).

3.1 Störungsverständnis und Kennzeichen

Das klinische Handeln der Sozialarbeiter in Deutschland erfolgt in einem breiten Spektrum von gesundheitsrelevanten Beeinträchtigungen bei Einzelpersonen, Paaren, Familien und Gruppen in jeglichem Lebensalter. Zielgruppen Klinischer Sozialarbeit sind insbesondere:

- schwer beeinträchtigte Kinder und Jugendliche sowie deren Familien
- Menschen mit familiären Problemen und in entwicklungs- und situationsbedingten Krisen
- psychisch kranke Menschen
- drogen- und alkoholabhängige Menschen
- chronisch körperlich Kranke (z. B. Krebskranke oder AIDS-Kranke und deren Angehörige) und behinderte Menschen

- traumatisierte Personen (z. B. nach Gewalterfahrung oder Missbrauch)
- dissoziale, gewalttätige und straffällige Menschen

Die Bedürfnisse dieser Menschen nach Zuwendung und Unterstützung, nach Aufklärung, Begleitung, Beratung und Therapie resultieren aus Belastungen, Krisen und Erkrankungen, die in komplexer Weise sozial relevant und überwiegend auch sozial bedingt sind. Sie leiden häufig zugleich unter schwerwiegenden Beeinträchtigungen, wie etwa Arbeitslosigkeit, mangelhaftem Zugang zu adäquaten Hilfen, sozialer Isolation oder Armut. Materielle Benachteiligungen sind immer mit sozialen und psychischen Dimensionen verwoben, und so wundert es nicht, dass sie sich begünstigend auf die Entwicklung und den Verlauf akuter wie chronischer körperlicher und psychischer Erkrankungen auswirken. Dieses *pathogene Potenzial* der prekären Lebenssituation beeinflusst die Gesundheit in Form von chronischen, lang andauernden psychosozialen Belastungen.

Siegrist (1998) spricht von *chronischen Belastungszuständen mit negativen Emotionen.* Es geht um „Leiden an der Gesellschaft", um Gewalt, Benachteiligung, Überforderung, Ausschluss, zwischenmenschliche Konflikte, verbunden mit starken, wiederkehrenden Emotionen der Bedrohung, Angst und Hilflosigkeit, aber auch um Gefühle von Irritation und Verärgerung, die ihrerseits Aktivierungszustände im Organismus auslösen (chronischer sozioemotionaler Distress). *Sozial-klinische Aufgabenstellungen* bestehen in der Verringerung der belastenden Auswirkungen erlebter sozialer Kränkungen mittels psychosozialer Interventionen (Kap. 6). Dabei sind unterschiedlichste Betroffenheiten und Bedürfnisse in einem breiten Spektrum von Problemstellungen zu beachten, die spezifische fachliche Maßnahmen und Interventionskompetenzen erfordern (Pauls/Mühlum 2004).

Klinische Sozialarbeit erfährt ihre spezifische Bestimmung durch die Zielgruppen: als beratend-therapeutische, sozial behandelnde Arbeit mit *hard-to-reach*-Klienten und Patienten, die mit schweren, oft chronischen Belastungen und Erkrankungen oder Behinderungen in *multiplen Problemsituationen* leben. Sie ist mit ihren Maßnahmen auf die konkrete Lebenssituation jener Menschen ausgerichtet, die um ein würdevolles Leben ringen und dabei häufig an Hürden scheitern, die individueller wie auch gesellschaftlicher Natur sind. Allgemein findet sich bei dieser Klientel ein gravierender *person-environment-misfit*, d. h. Personenmerkmale passen nicht zu Umgebungsmerkmalen und vice versa. Das Verständnis lebender Systeme als integrierte Einheit von Organismus und Umwelt führt zu einem Störungs- und Krankheitsverständnis, das Abweichung und Krankheit als *Passungsstörung* auffasst: Bio-psycho-soziale Probleme sind *Passungsprobleme* im Sinne von Diskrepanzen bzw. Inkongruenzen zwischen verschiedenen gesundheitsrelevanten Dimensionen. Passungsprobleme sind in gewisser Hinsicht unabdingbare Bestandteile des Lebens. Biologische Konstitution, psychische Potenziale (z. B. Dispositionen oder Kompetenzen), Entwicklungsanforderungen und Belastungen (z. B. familiär, schulisch, im Arbeitsfeld oder subkulturellen Umfeld bei jeweils alters-, geschlechts-, funktions- und bereichsspezifischen Standards), Entwicklungsziele des Individuums, Entwicklungs- und Unterstützungsangebote in der Umwelt sowie soziale Chancenstruktur (soziale und materielle Ressourcen und Mittel) sind immer nur relativ günstig aufeinander abgestimmt (Montada 1985).

Im günstigen Falle bilden sie ein System fördernder Anregungen und Unterstützungen, sodass die Person durch Mobilisierung eigener Bewältigungskompetenzen und soziale Unterstützung neue, reifere Lösungen entwickeln und integrieren kann. Im ungünstigen Fall wirken diese Dimensionen jedoch gegeneinander, sodass eine Blockierung der Entwicklung und problematische Bewältigungsversuche folgen, – mit erheblichen Spannungen, Inkongruenzen oder Diskrepanzen, die sich durch soziale, psychische und körperliche Beschwerden (Symptome und Syndrome) zeigen. Sie können höchst unterschiedlich in Erscheinung treten, beispielsweise als akute oder chronische körperliche Erkrankung oder psychosomatisches Beschwerdebild, neurotische bzw. psychopathologische Symptomatik, deviantes Verhalten, aversive Emotionen, negative Befindlichkeit, Leistungsversagen oder Verwahrlosung. In schweren Fällen, die das Klientel Klinischer Sozialarbeit im Wesentlichen ausmachen, kommt es zur Zerstörung des Sinnzusammenhanges, d. h. der entwicklungs- und lebensthematischen Grundorientierung der Subjekte, einhergehend mit dem Zerfall der Handlungs- und Lebensführung und der sozialen Integration mit schwersten psychosozialen Notlagen und gesundheitlichen Konsequenzen im Sinne schwerer Erkrankungen. Ziel sozialtherapeutischer Intervention ist es, solche Passungsstörungen zu erkennen und das Zusammenwirken von Organismus, Person sowie sozialer und materieller Umwelt wieder auf „salutogene" Weise (Antonovsky 1979 und 1997) in Gang zu bringen.

Ein Beispiel: Eine klinisch-sozialarbeiterisch fundierte Jugendhilfemaßnahme gilt einem aggressiv und dissozial auffälligen zwölfjährigen Jungen, dessen Mutter nach der Trennung vom Kindesvater vor drei Jahren kurzfristig arbeitslos wurde, und der aufgrund von Verfehlungen und schweren Leistungseinbrüchen in der Schule akut von einem Schulverweis bedroht ist. Die allein erziehende Mutter ist chronisch gestresst, musste in Folge der Scheidung einen sozialen Abstieg verkraften und wirkt „ausgebrannt" (depressiv). Sie ist eine sensible, intellektuell wachsame Frau, die an einer anspruchsvolleren Stelle besser aufgehoben wäre als in der Tretmühle der ihr vage in Aussicht gestellten Aushilfsjobs.

Das *Selbstverständnis* der Klienten ist meist gekennzeichnet durch die Suche nach Entlastung und rascher Hilfe zur Krisen- bzw. Belastungsbewältigung. Ihr Hilfewunsch geht nicht selten einher mit unrealistisch hohen Erwartungen, die in Hoffnungslosigkeit umschlagen, wenn sie nicht umgehend erfüllt werden. Häufig haben sie die Erfahrung misslungener Hilfeversuche bzw. Behandlungen und schmerzlicher Stigmatisierung gemacht, die ihren geringen Selbstbezug, die Unfreiwilligkeit der Mitarbeit und häufig geringe Motivation begründen. Je nach Umfang der sozialen, materiellen und psychischen Ressourcen, ist initial eher geringe Selbsthilfefähigkeit gegeben. Eine große Rolle spielt die Frage, inwiefern Belastungen, Konflikte und Erkrankungen akut bzw. chronisch sind. Akute Krisen sind häufig lediglich die Spitze des Eisbergs chronischer Belastungen: Wohl immer ist hier das Ausmaß multipler alltäglicher Belastungen gravierend, sind Krisen ein Teil des Lebens geworden. Der Umgang mit diesen Menschen und ihren Traumatisierungen, Behinderungen, Demoralisierungen und anderen sozial verursachten Leiden ist für klinisch-soziale Fachkräfte zumeist Arbeitsalltag.

Der aktuelle *Interventionsbedarf* eines Individuums oder einer Familie tritt zu verschiedenen Zeitpunkten im Verlauf der Entwicklung und in konkreten Situationen auf, unterschieden nach Lebenswelt und -umständen. Eine sorgfältig arbeitende Klinische Sozialarbeit wird daher stets die gesamte Lebenslage des Klienten *in seiner Umgebung* mit bedenken. Klienten leiden nicht nur *sekundär* an sozialen Folge- und Begleitproblemen von Erkrankungen, Stö-

rungen und Krisen, und die Klinische Sozialarbeit ist nicht nur sekundäre Behandlungsdisziplin (was durchaus wichtige Aufgabenstellungen beinhaltet). In den meisten Fällen liegt ein multifaktori-
elles Störungs- bzw. Krankheitsgeschehen im Sinne eines *primär
und ursächlich* durch *soziale und psychosoziale* Faktoren (mit-)be-
dingten Prozesses vor. Der „Auftrag" klinisch-sozialer Behandlung
umfasst das Begreifen der sozialen Bedingtheit und Persönlichkeit
als Resultat der sozialbiografischen Erfahrungen des Klienten –
einschließlich des Körpers als soziale Realität (z. B. Ess-Störung
und Fehlernährung). Sie setzt der objektivierenden naturwissenschaftlichen Vergegenständlichung des erkrankten Menschen Grenzen bzw. ordnet Störung und Erkrankung wieder in den sozialen
Kontext des Klienten ein (Habermas 2001; Homfeldt 1999).

3.2   Ausgewählte Adressatengruppen

3.2.1 Schwer beeinträchtigte Kinder, Jugendliche und Familien

Die Erwartung an die Sozialarbeit, gefährdete, insbesondere ver-
haltensauffällige Kinder und Jugendliche zu erreichen, ist hoch, und
die Einrichtungen und Mitarbeiter der Jugendhilfe stehen dementsprechend unter Erfolgsdruck. In der Öffentlichkeit wird auffälli-
ges Verhalten zunehmend spektakulär thematisiert und nach schnel-
len „Lösungen" verlangt (wie etwa die aktuelle Debatte um das
„dicke Kind" zeigt). Nach den sozialen, psychosozialen, psychologischen, psychiatrischen und sozioökonomischen Hintergründen
wird kaum gefragt. Klinisch kompetente Sozialarbeit mit Kindern
und Jugendlichen muss sich der Gefahr bewusst sein, dass sich die
verletzenden Erfahrungen junger Menschen nicht selten in Hilfe-
angeboten wiederholen. Diese werden in zwei Versorgungssystemen
vorgehalten, der *Kinder- und Jugendhilfe* und der *Kinder- und Jugendpsychiatrie* (Fegert/Schrapper 2004).
    Grundsätzlich werden bei klinischen Fragestellungen in der Ju-
gendhilfe psychosoziale diagnostische Abklärungen benötigt (fall-
bezogen im Verbund mit psychologischen und fachmedizinischen,
insbesondere kinder- und jugendpsychiatrischen Abklärungen).
Kernklientel sind so genannte *Multiproblemfamilien*, die allerdings
weder klinisch noch soziologisch exakt abgrenzbar sind (Schuster
2004, 1):

„Geringe Bildung und aufs äußerste begrenzte materielle Ressourcen gehen hier mit mangelnden sozialkommunikativen Coping-ressourcen einher. Die bisher vorliegenden Studien zeigen eindeutig, dass der Anteil und die Schwere psychischer Erkrankungen mit sinkendem Sozialstatus deutlich zunimmt. Es handelt sich also bei Multiproblemfamilien in der Regel um Familien mit schwerer klinischer und psychosozialer Symptomatik: psychische Probleme, schwere Partnerkonflikte, teilweise mit Gewaltexzessen verbunden, Suchtverhalten, psychosomatische Störungen, extreme Entwicklungsrückstände der Kinder, Kindesvernachlässigung und -misshandlung, begleitet von Arbeitslosigkeit, Wohnungs- und Mietproblemen und äußerst geringen materiellen Ressourcen. Hinzu kommt, quasi als Leitsymptomatik, hohe Verschuldung."

Auch wenn sich Verbesserungen in der psychosozialen Versorgung solcher Familien ergeben haben, fällt nach wie vor die Hilflosigkeit der Träger und Jugendämter auf, fachlich angemessene Hilfe anzubieten. Sowohl bei der psychosozialen Diagnostik, die oft aus Kostengründen an die Kinder- und Jugendlichenpsychiatrie delegiert wird, als auch bei der Intervention fehlt es an klinisch-sozialem *Know-why* und *Know-how*. Hier sind Klinische Sozialarbeiter mit entsprechender Beratungs- und Therapiekompetenz gefragt (Kling-Kirchner 2002; Kling-Kirchner/Pauls 2004).

Wie die Resilienzforschung zeigt, konnten „Risikokinder" Resilienz gegen widrige Lebensumstände entwickeln, wenn ihnen positive Beziehungserfahrungen möglich waren. Förderung wäre demnach dann wirksam, wenn die Kinder verlässliche Beziehungen zu fürsorglichen Erwachsenen aufbauen können, die positive Rollenmodelle darstellen und helfen, ihr Selbstwertgefühl sowie die Kommunikations- und Problemlösungsfähigkeit zu verbessern (Weiß et al. 2004, 109 f).

3.2.2 Psychisch Kranke im Kontext der Psychiatrie

Die Sozialarbeit hat gerade in der psychiatrischen Versorgung ein beachtliches Maß an Eigenständigkeit und Professionalität erreicht, ohne dass es jedoch gelungen wäre, ein klares klinisch-psychiatrisches Profil vorzuweisen. Um ihre primären Aufgaben in der Behandlung psychisch kranker Menschen und deren Angehörigen identifizieren zu können, sind Vor- und Kernfeld psychosozialer bzw. psychiatrischer Institutionen zu unterscheiden: In *Einrichtun-*

gen des Vorfeldes der psychiatrischen Kerninstitutionen (z. B. Familien-, Lebens-, Ehe-, Erziehungs-, Jugend-, Alten- und Sexualberatungsstellen) sind viele psychisch Kranke unter der Gesamtklientel ohne *explizit* Zielgruppe der Hilfen zu sein. Psychosoziale Intervention und Beratung durch klinisch qualifizierte Sozialarbeiter wird insbesondere auch in *Institutionen des Kernfeldes* der psychiatrischen Versorgung durchgeführt (Kap. 5.1). Klinisch qualifizierte Sozialarbeiter arbeiten hier mit psychisch Kranken, insbesondere mit chronisch psychisch Kranken (z. B. schizophrenen und dementen Menschen), mit Menschen mit schweren Persönlichkeitsstörungen (z. B. *Borderline*, Dissozialität) und affektiven Störungen (Depression) sowie mit den Angehörigen dieser Menschen und der sozialen Umgebung (z. B. Ausbildungs- und Arbeitsstellen; Dörr 2005).

Durch Tageskliniken und Institutsambulanzen wird die *Sozialtherapie,* die zwar nicht ausschließlich Domäne der Klinischen Sozialarbeit ist, jedoch als Leitdisziplin der sozialen Rehabilitation zu ihr zählt, prinzipiell auch in den ambulanten und teilstationären Bereich hinein erweitert (Kap. 5 und 6). Hier kann die ambulante Klinische Sozialarbeit eine zunehmend wichtige Rolle spielen, im weiten Interventionsspektrum von sozialer Beratung, Begleitung und Betreuung bis zu sozialtherapeutischer Behandlung. Da dieses notwendige Versorgungsangebot berufspolitisch noch blockiert wird, sind fachliche Profilierung und politische Durchsetzung vordringliche Aufgaben.

3.2.3 Behandlung von Abhängigkeitserkrankungen

Nach Bühringer (2000) sind in Deutschland mehr als 1,6 Mio. Menschen alkoholabhängig, 2,7 Mio. alkoholmissbrauchend und weitere 5 Mio. weisen einen potenziell gefährdenden Alkoholkonsum auf. Millionen weiterer Menschen sind betroffen als Partner, Kinder oder Eltern. Nach Lachner und Wittchen (1997) sind mehr als 2,5 Mio. Kinder und Jugendliche von einer alkoholbezogenen Störung bzw. Erkrankung eines Elternteils betroffen; etwa 0,3 Mio. Menschen sind abhängig von illegalen Drogen, überdies gibt es zwischen 13 und 15 Mio. Raucher in Deutschland (Batra/Fagerström 1997). Diese Zahlen deuten die ungeheure Dimension der Abhängigkeitsproblematik an. Wienberg (1992) kritisiert vehement den

Zustand des Suchthilfesystems als nicht bedarfsgerecht und fordert die Weiterentwicklung der Beratungsstellen zu Dienstleistungszentren für Menschen mit Suchtproblemen. Für die erforderliche Weiterentwicklung des Systems der Suchthilfe ist die klinische Qualifizierung der beteiligten Sozialarbeiter eine unabdingbare Voraussetzung. Sie ist im Übrigen im Rahmen der Qualifikationen zur Rehabilitation von Suchtkranken nach den Richtlinien des Verbandes Deutscher Rentenversicherungsträger (VDR) bereits konstituiert, doch bislang nicht dem Profil Klinischer Sozialarbeit zugeordnet.

Die aus verschiedenen Disziplinen und Traditionen entstandene Suchthilfe ist ohne die klinisch (beratend, therapeutisch, einzelfallorientiert) arbeitenden zusätzlich qualifizierten Sozialarbeiter nicht denkbar. Während die Hauptaufgabenfelder der *Ärzte* in der medizinischen Diagnostik, der Entgiftung und somatisch-pharmakologischen Behandlung liegen und *Psychologen* ihre Domäne in der psychologischen Diagnostik und Psychotherapie haben, stellt die suchttherapeutische *Sozialarbeit* weitere Angebote zur Verfügung. Hier ist der klinisch-soziale Ansatz bestens repräsentiert:

- Steigerung bzw. Aufbau individueller Kompetenzen zur Bewältigung von Suchtproblemen (z. B. Trainings-, Beratungs- und Therapiemaßnahmen in Einzel- und Gruppenarbeit)
- Prävention durch allgemeine Stärkung psychischer Gesundheit (z. B. durch erlebnispädagogische Jugendarbeit oder frühzeitige präventive Jugendhilfe)
- Akzentuierung der Sozialbedingtheit und Sozialrelevanz von Suchtproblematik im Kontext der multifaktoriellen Bedingungen der Entwicklung von Suchterkrankungen
- Aufbau und Förderung von Netzwerken sozialer Unterstützung und sozialer Integration, Prävention und Intervention bei Suchtproblemen (Angehörigengruppen, Prävention in Schulen)
- Bewältigung von Schäden bzw. Verhinderung weiterer Verschlechterung infolge von Suchtmittelmissbrauch bzw. Abhängigkeit (z. B. im Rahmen beschützender Einrichtungen)
- Entwicklung und Angebot funktioneller Alternativen zum Konsum psychoaktiver Substanzen auf individueller wie gesellschaftlicher Ebene (z. B. Schaffung von Möglichkeiten intensiven Erlebens und von Werterfahrungen)

„Standardmethoden" Sozialer Arbeit, die sich flexibel ergänzen, sind jeweils der Problemlage anzupassen. Als Erbringer der spezi-

fischen Leistung *Soziotherapie* (Kap. 4) bedürfen sozialpädagogische Fachkräfte deshalb einer klinischen Zusatzqualifikation, die
berechtigt, im Rahmen suchttherapeutischer Behandlung tätig zu
sein. Klein (1999, 490 f) stellt die wichtigsten Aufgaben und Tätig-
keitsfelder vor, die nicht nur die Suchthilfe im eigentlichen Sinne,
sondern den weiten Bereich klinisch sozialarbeiterischer Aufgabenstellungen mit repräsentieren:

- „Beratung bzw. psycho-soziale Beratung, z. B. in Form von Krisenintervention, Motivationsförderung, Vermittlung in Therapie oder zu anderen sozialen Diensten, allgemeine und spezielle Beratungsformen, Vernetzung mit anderen Institutionen und Hilfen;
- Prävention, z. B. in Form von Primärprävention für Kinder und Jugendliche, Sekundärprävention bei Risikogruppen, Fort- und Weiterbildung
  für Multiplikatoren, personenbezogene versus mediale Prävention;
- aufsuchende Sozialarbeit, z. B. im Rahmen des ASD, der Straßensozial-
  arbeit und der Krisenintervention;
- niedrigschwellige Suchthilfen, z. B. in Notschlafstellen, Cafés, Konsum-
  räumen;
- qualifizierter Entzug, z. B. im Rahmen einer klinisch-stationären Behandlung oder eines Motivationsprogramms;
- ambulante und/oder stationäre Entwöhnung, z. B. in Fachkliniken oder
  Fachkrankenhäusern für Alkohol- oder Drogenabhängige, meist im Rahmen eines suchttherapeutischen Kontextes im Sinne der medizinischen
  Rehabilitation;
- Justizvollzug, z. B. Betreuung während der U- und Strafhaft, Maßregel-
  vollzug, Bewährungshilfe, Aids-Prävention im Strafvollzug;
- Substitution, z. B. im Rahmen der psychosozialen Begleitmaßnahmen
  von Methadonprogrammen;
- betriebliche Suchthilfe, z. B. Beratung und Betreuung suchtgefährdeter
  oder suchtkranker Mitarbeiter, Informierung und Schulung von Vorge-
  setzten und Betriebsräten;
- Nachsorge und Adaption, z. B. in Form betreuter Wohngruppen, teilstationärer Einrichtungen, Kooperation und Vernetzung mit Selbsthilfegruppen;
- Selbsthilfe z. B. in Form von Kooperation und Krisenhilfe, gemeinsamer
  Öffentlichkeitsarbeit mit Selbsthilfegruppen;
- Leitung und Managementaufgaben, z. B. in Beratungsstellen und anderen Institutionen, zur Konzepterstellung;
- Verwaltung und Organisation, z. B. bei Kosten- und Leistungsträgern;
- Qualitätsmanagement, z. B. in Form von Dokumentations- und For-
  schungsaufgaben, Qualitätszirkeln und Mitarbeiterschulungen."

Nicht übersehen werden darf die Notwendigkeit spezifischer Versorgungsangebote im Drogen- und Suchtbereich, die besondere Forschungsgrundlagen benötigen und spezialisierte suchttherapeutische Behandlungskonzepte erfordern, beispielsweise in der Betreuung von Personen mit polytoxikomanen Abhängigkeitserkrankungen (stoffgebunden und nicht stoffgebunden), der psychosozialen Betreuung Suchtkranker, AIDS-Kranker bzw. HIV-Infizierter in Substitutionsbehandlung, bei der Behandlung von Schwerstabhängigen mit schweren psychischen Störungen (Komorbidität), bei suchtkranken forensischen Patienten und der Beratung Angehöriger der genannten Personengruppen.

Der Gesamtbereich der sozialen Suchtkrankenhilfe und der suchtspezifizierten sozialen Therapie (Soziotherapie), einschließlich der sozialen Prävention, ist der Klinischen Sozialarbeit zuzurechnen. Dafür ist eine suchtspezifische klinische Qualifikation erforderlich, wenn die Soziale Arbeit ihre relativ starke Stellung nicht verlieren will. Zu wünschen wäre, dass die Klinische Sozialarbeit von den etablierten Suchtspezialisten als disziplinäres Profil angenommen wird, so wie jede Art psychotherapeutischer Methodik – auch in Bezug auf spezielle Klienten – im Rahmen der Psychologie selbstverständlich zur Klinischen Psychologie zählt.

3.2.4 Schwerkranke und chronisch Kranke

Das Krankenversorgungssystem kann nicht nur den somatischen, sondern muss genauso den psychischen und den sozialen Menschen in das Heilungsgeschehen einbeziehen. Schließlich entstehen gesundheitliche Risiken auch durch soziale Einflüsse, die nicht zuletzt aus unterschiedlichen Zugangs- und Teilhabechancen an der Gesundheitsversorgung resultieren (Siegrist 1998, 1996). Hier findet die Klinische Sozialarbeit Aufgabenstellungen bei der Minimierung gesundheitlicher Risiken durch beratende, fördernde, betreuende Maßnahmen, wie sie der Krankenhaussozialdienst durchführt (Ansen et al. 2004), der die berufliche und soziale Rehabilitation steuert

Schwere und vor allem chronische körperliche und psychische Erkrankungen leiten eine Diskontinuität im Leben der Betroffenen ein. Der Verlust der Unabhängigkeit, die in unserer Gesellschaft hochgeschätzt ist, bewirkt eine soziale Abhängigkeit, die bei

schweren und chronischen Erkrankungen alle Manifestations-
ebenen einbezieht: Körperlich braucht der Kranke medizinische
Hilfe, aber auch Pflege, psychisch ist er in besonderem Maße auf
Zuspruch und Aufmerksamkeit (gegebenenfalls auch auf psychotherapeutische Beratung) angewiesen, sozial benötigt er nicht nur
einen Schonraum, das Getragenwerden von der Gemeinschaft und
die Regelung seiner ökonomischen und sozialen Angelegenheiten,
sondern auch soziale Beratung und Behandlung unter Einbeziehung
seiner Mitwelt (Angehörige, Arbeitsstelle etc.). Während sich organ-
medizinische Hilfen mit oft hohem diagnostischem Aufwand direkt der Behandlung der Krankheit widmen, übernimmt die Pflege einen großen Teil des Symptom-Managements, die Sozialarbeit
dagegen das *Management und die Hilfe zur Bewältigung der sozialen Implikationen*. Neben der Sicherung der Lebensgrundlagen ist
die Thematisierung und Bearbeitung der Abhängigkeit von der Sorge anderer eine klassische Aufgabe therapeutisch geschulter Sozialarbeit.

Das Krankenhaus als spezialisierte medizinische Einrichtung ist
in erheblichem Maß auch ein psychosozialer Schutz- und Schonraum, der den sozialen Menschen (und seine Angehörigen) in das
Heilungsgeschehen einbeziehen müsste. Die mit der Abhängigkeit
von Pflege und Fürsorge einhergehenden Selbstkonzept- und
Beziehungsänderungen werden jedoch noch kaum beachtet, ob-
wohl sie auch bei vermeintlich rein somatischen Prozessen Wirkungen zeitigen. Wer meint, so etwas sei nicht finanzierbar, irrt: Psychosoziale Fachlichkeit und kompetentere Hilfe wirken heilsam und
senken Kosten. Das gilt nicht zuletzt mit Blick auf die stete Zunahme chronischer Zivilisationskrankheiten, die auch künftig den größten Teil der Behandlungsbemühungen binden. Bei ihrer Entstehung
und Aufrechterhaltung spielen psychosoziale Faktoren eine wichtige Rolle. Selbst in der biologisch orientierten Medizin sind mittlerweile Lebensqualität, Humanisierung und Gesundheitsverhalten
programmatische Ziele (Meyer et al. 1991). Daher bedürfen Medizin und Pflege mehr denn je der Ergänzung durch sozialberufliche
Diagnose und Behandlung. Studien über psychosoziale Einflüsse
im Rahmen sozialer Rehabilitation (Mühlum/Gödecker-Geenen
2003) liegen für eine Fülle chronischer Erkrankungen vor, wie Herz-
Kreislauf-Erkrankungen (Siegrist 1996), Krebserkrankungen, psychische Erkrankungen und Alterserkrankungen.

Ein Beispiel: Die chronisch progrediente Parkinsonsche Krankheit, deren Symptome sich im Laufe der Zeit verstärken. Akinese (Verlangsamung und Verminderung der Bewegung), Rigor (Muskelversteifung) und Tremor (Muskelzittern) gehen einher mit vegetativen Störungen (z. B. Speichelfluss, Talgproduktion, Harnverhalt, Sexualfunktions- und Schlafstörungen) und psychischen Störungen (z. B. Bradyphrenie, d. h. Verlangsamung der Denkprozesse, Konzentrations- und Aufmerksamkeitsstörungen ohne Einschränkung der intellektuellen Fähigkeiten) sowie depressive Verstimmungszustände (Begleiterscheinung bei ca. 40%). Für die Angehörigen ergeben sich daraus physische, psychische, soziale und finanzielle Belastungen. Oft führt die Beanspruchung durch die Pflege zu Verlusten und Beeinträchtigungen der Angehörigen, die ihre gesamte Lebensgestaltung, den Bezug zur Umwelt und die Beziehung in der Partnerschaft betreffen. Die psychischen Belastungen, die oft mit Rückzugstendenzen einhergehen, betreffen schließlich die gesamte inner- und außerfamiliäre Umgebung. Verlust sozialer Rollen und Arbeitsunfähigkeit verschärfen die Situation. Daher ist eine spezielle psychosoziale Angehörigenberatung und -unterstützung notwendig, die für alle Beteiligten gesundheitsförderlich ist.

Im Rahmen der Krankenhausbehandlung birgt die Klinische Sozialarbeit ein erhebliches Potenzial positiver Effekte durch personbezogene Beratung und sozialtherapeutische Hilfen (Hedtke-Becker et al. 2003) – sowohl für die Patienten und Angehörigen als auch in gesundheitsökonomischer Hinsicht. Aufgaben einer solchen psychosozial *behandelnden* Klinischen Sozialarbeit wären (neben den wirtschaftlichen, rechtlichen und vermittelnden Maßnahmen grundständiger Sozialarbeit im Rahmen des *Case Managements* wie Klärung von Anspruchsvoraussetzungen oder Sicherung des Lebensunterhaltes):

- Mitarbeit in der Diagnostik (mit den Schwerpunkten Sozialanamnese, Belastungsdiagnostik, Netzwerkanalyse und Familiendiagnostik);
- psychosoziale Beratung (z. B. Orientierungs- und Anpassungshilfen im Krankenhaus, Hilfen zur Krankheitsbewältigung und zur Bewältigung von Krisen- und Konfliktsituationen im persönlichen Bereich sowie den Angehörigen), soziale Einzelhilfe und gegebenenfalls Gruppenarbeit;
- Aufrechterhaltung bzw. Wiederherstellung des Kontakts zur Familie und zum bisherigen Arbeitsplatz;
- familientherapeutische Arbeit und Psychoedukation: zur Förderung des

Verständnisses für krankheitsbedingte Verhaltensweisen und verminderte Leistungsfähigkeit, für die Notwendigkeit ambulanter Weiterbehandlung, indirekte Unterstützung durch Aufklärung und Zusammenarbeit mit öffentlichen und karitativen Einrichtungen;

• Rehabilitationsmaßnahmen: Vorschläge für arbeitstherapeutische Förderung im Hinblick auf einen zukünftigen Arbeitsplatz, Vermittlung eines geeigneten Arbeitsplatzes und Ermöglichung etwa erforderlicher Umschulung, Wohnraum- oder Heimplatzbeschaffung und gegebenenfalls Aufklärung des zukünftigen sozialen Umfeldes;

• aufklärende Öffentlichkeitsarbeit: Förderung des Kontaktes zwischen Krankenhaus und Umwelt, Abbau von Unkenntnis und Vorurteilen gegenüber Krankheiten, Vorbereitung des Patienten auf die Gesellschaft außerhalb des Krankenhauses.

Die Etablierung Klinischer Sozialarbeit als mitbehandelnde Disziplin im Gesundheitswesen bedeutet, dass der Sozialdienst die ärztliche und pflegerische Versorgung ergänzt bzw. komplettiert. Über die Erschließung von Sozialleistungen hinaus (Vermittlung von Hilfen zur Bewältigung des Alltags, Einleitung und Koordination von Rehabilitationsmaßnahmen und nachstationärer Versorgung) hat die *Vernetzung* dieser Maßnahmen in und außerhalb der Klinik einen hohen Stellenwert, dem die Soziale Arbeit mit einem elaborierten *Case Management* (Löcherbach 2002; Wendt 2001) gerecht wird.

Ansen et al. (2004, 134) erwarten, dass neue Konzepte wie *Integrierte Versorgung* („umfassende und koordinierte Bearbeitung aller Gesundheitsprobleme über den gesamten Versorgungsweg von der Primärbehandlung bis zur Rehabiliation") und *Disease-Management* („standardisierte und strukturierte Programme zur Versorgung bestimmter chronischer Erkrankungen") weitere Chancen für psychosoziale Behandlung im Gesundheitswesen der Zukunft eröffnen. Hierbei sind die Qualitätsaspekte hervorzuheben, da bestimmte Patientengruppen (chronisch Kranke, Behinderte, multimorbide Patienten, alte Menschen) einen besonderen Versorgungsbedarf haben.

Ein *Hauptziel* ist dabei, den Prozess der Annahme der Krankheit zu begleiten und die Auseinandersetzung mit den körperlichen, psychischen und sozialen Folgen zu fördern. Ein weiterer Schwerpunkt ist der Trauerprozess im Umgang mit der körperlichen Beeinträchtigung und dem Verlust von Lebensqualität (Rauchfleisch 2001, 115 f). „Ein entscheidender Aspekt ist die bisher nicht oder nur unzureichend erfolgte Einbeziehung des Patienten in seiner Lebenssituation, mit seinen bestehenden Einschränkungen, aber auch mit seinen vorhandenen Potenzialen und seinen subjektiven Krankheitsinterpretationen" (Ansen et al. 2004, 135). Insofern hat die mit diesen Angeboten und Ansprüchen klinisch tätige Sozialarbeit auch einen politischen Auftrag: Sie bildet das Korrektiv zur drohenden „Verbetriebswirtschaftlichung" des Gesundheitswesens und steht mit psychosozialen Methoden für die ganzheitliche Behandlung kranker Menschen ein.

3.3   Der „klinische Blick" am Beispiel Traumatisierung

Die Entstehung psychosozialer Störungen ist komplex. Störungen, Krisen und Erkrankungen entstehen prozesshaft und in einem bio-psycho-sozialen Bedingungsgefüge. Positive und negative, förderliche und defizitäre, konflikthafte und stützende Umwelt- und Selbsterfahrungen im Lebenslauf formen die Person, ihre Gesundheit und ihre Krankheiten im Zusammenspiel mit ererbten Dispositionen und dadurch bedingter Vulnerabilität und Resilienz. Schädigende Einwirkungen in der Frühentwicklung kommen dann besonders nachteilig zum Tragen, wenn Schutzfaktoren und förderliche Umweltbedingungen fehlen oder verloren gehen und wenn sich belastende Faktoren ohne Kompensation durchsetzen.

3.3.1 Traumatisierte Menschen

In den vergangenen Jahren ist man auch in Deutschland sensibler geworden für die Folgen von Traumatisierungen. Psychoneurologische Forschungen belegten Veränderungen von Hirnfunktionen nach Traumatisierungen und führten zu einer Modewelle so genannter *Traumatherapien*. Der Begriff *trauma* (griech. für Wunde oder Verletzung) wird im ICD-10 als „kurz- oder langanhaltendes belastendes Ereignis oder Geschehen von außergewöhnlicher Bedrohung oder katastrophalem Ausmaß" beschrieben. Das Ereignis muss eine traumatisierende Kraft aufweisen, die „nahezu bei jedem tiefgreifende Verzweiflung auslösen würde" (ICD-10, WHO 2000).

Die unterschiedlichen Ereignisse, auf die solche Definitionen zutreffen, lassen sich nach verschiedenen Gesichtspunkten gliedern. Bewährt hat sich nach Maercker (1997) die Einteilung nach *menschlich verursachten* versus *zufälligen* und *kurzfristigen* versus *langfristigen* Traumen. Ein Trauma, das im sozialen Kontext oder willentlich durch Menschen verursacht wurde (z. B. Folter, Krieg oder sexueller Missbrauch), zeigt erheblich stärkere pathogene Wirkung. Das Verhältnis der Betroffenen zu ihrem sozialen Umwelt ist im Hinblick auf Beziehungsfähigkeit und Sozialverhalten beeinträchtigt und hat in vielen Fällen chronische psychische Folgen. Ebenso haben andauernde und wiederholte Belastungssituationen einen stärker beschädigenden Einfluss als einmalige oder kurzzeitige Erlebnisse. Während Ereignisse mit kurzer Dauer (Typ-I-Traumen) durch akute Lebensgefahr, Plötzlichkeit und Überraschung gekennzeichnet sind, sind länger dauernde, wiederholte Traumen (Typ-II-Traumen) als Serie traumatischer Einzelereignisse vor allem durch geringe Vorhersagbarkeit des weiteren traumatischen Geschehens charakterisiert. Auch andere schwer belastende *Life Events*, wie lebensbedrohliche Krankheit oder Suizid in der Familie, die nicht in diese Einteilung passen, werden häufig von typischen posttraumatischen Symptomen begleitet.

Bei der Beurteilung einer Traumatisierung ist es wichtig, das *subjektive Erleben* belastender Ereignisse zu beachten und einzuschätzen, inwieweit die Bewältigungs- und Abwehrkompetenz der Person überfordert wurde. Das gilt auch für Naturkatastrophen. Der Weg vom Trauma zur posttraumatischen Erkrankung („Posttraumatische Belastungsstörung") ist inzwischen bekannt. Die Kenntnis der pathologischen *Traumaverarbeitung* und ihrer Behandlung zählt zur Expertise Klinischer Sozialarbeit (Brandell 1997).

3.3.2 Besonderheiten des Erlebens traumatisierter Menschen

Im Rahmen klinisch-sozialer Arbeit mit den oben erwähnten *Multiproblemfamilien* haben Fachkräfte immer wieder mit traumatisierten Menschen zu tun, die unter schwerer klinischer und psychosozialer Symptomatik leiden. Hierzu zählen Suchtverhalten, psychische Probleme, Partnerkonflikte (teils mit Gewaltexzessen), extreme Entwicklungsrückstände, Kindesvernachlässigung und -misshandlung. Diese Symptome werden häufig begleitet von Arbeitslosigkeit, Wohnungs- und Mietproblemen und gehen einher mit äußerst geringen materiellen Ressourcen.

Rauchfleisch (2001) widmet sich insbesondere dem Verständnis der seelischen Lage dieser Klienten. Er untersucht ihre Verlust- und Mangelerfahrungen (auch im Kontext struktureller Gewalt), ihre Wünsche und Ansprüche sowie die Folgen für Autonomie- entwicklung, Beziehungsgestaltung, Ich-Störungen, Abwehrmecha- nismen, Angst- und Spannungstoleranz, Gewissensbildung (Über-Ich- Problematik), Selbstwerterleben (narzisstische Störung) und soziale Beeinträchtigungen. Er stellt fest, dass solcherart traumatisierte Menschen in früher Kindheit oder im weiteren Verlauf ihres Lebens Verlust- und Mangelerfahrungen erlitten, die – zumal von Kindern – als existenzielle Bedrohung erlebt wurden. Frühkindlichen Trauma- tisierungen entsprechen zumeist schwerwiegende Beeinträchtigun- gen, die aus der sozialen Instabilität der Herkunftsfamilie (mit zum Teil gravierenden ökonomischen Problemen und familiären Spannun- gen) und vielfältigen Beziehungsabbrüchen resultieren.

Psychische Verletzungen hinterlassen tiefe Spuren in der Persön- lichkeit: Die Betroffenen konnten kein Urvertrauen aufbauen und sind von Misstrauen erfüllt, das ihr Verhältnis zur Umwelt dominiert. Sie empfinden Angst nicht als Signal einer drohenden Gefahr, son- dern als Vernichtungsangst, mit oft panikartigen Reaktionen. Wenn die zuständigen Fachkräfte klinisch nicht hinreichend ausgebildet sind, bleiben sie häufig in Verwaltungshandeln und Kontrolle ste- cken (Junker 1973) und sind unfähig, auf die dramatische Situation angemessen einzugehen. Die Klienten bleiben dann hilflos den Zwän- gen und Regeln der Institutionen ausgeliefert und werden nicht sel- ten wieder Opfer – nun der unverständig reagierenden frustrierten Helfer. Erkennen, Ernstnehmen und Behandeln der sozialen Notla- gen und Beeinträchtigungen erfordern Fachkenntnis und Zeit. Sie sind von entscheidender Bedeutung für die psychosoziale Behand- lung und Betreuung – und für die Prognose des weiteren Verlaufs.

3.3.3 Menschen in Krisen und klinisch-soziales Handeln

Auch die Krisenhilfe ist mit traumatisierten Menschen befasst. *Krisenanlässe* sind hier traumatische Krisen und Veränderungs- krisen. Während die *traumatische Krise* meist durch unvorherge- sehene Schicksalsschläge, wie plötzlicher Verlust einer geliebten Person, unvorhergesehener Arbeitsplatzverlust oder Invalidität ausgelöst wird, ist die *Veränderungskrise* das Ergebnis einer längeren Entwicklung, in der das Individuum oder die Familie mit akuten oder bevorstehenden Veränderungen konfrontiert ist. Der Verlauf der Krisenformen unterscheidet sich jeweils:

Die erste Reaktion auf die *traumatische Krise* ist der Schock, darauf folgt eine Reaktions-, Bearbeitungs- und Neuorientierungsphase. Letztere sind im Gegensatz zur Schockphase nicht eindeutig abzugrenzen. Wird die Phase der Neuorientierung erreicht, wird die Krise zur Chance.

Die *Veränderungskrise* nimmt in der Regel einen anderen Verlauf. Die sich anbahnenden Veränderungen können von der Person nicht integriert und bewältigt werden, was mit einem Anstieg des emotionalen Drucks und mit Spannung einhergeht und zu Gefühlen des Versagens führt. Unter der emotionalen Spannung ist eine Chance für Hilfestellung gegeben, da Leidensdruck die Bereitschaft erhöht, Hilfe zu suchen und anzunehmen. Bei angemessener Hilfestellung kann die Krise oft gemeistert werden, was zur Erhöhung des Selbstwertgefühls führt. Erfolgt keine oder nur unzureichende Krisenbewältigung kommt es nicht selten zu sozialem und emotionalem Rückzug, zu Resignation und Chronifizierung depressiver Reaktionen. Dann kann sich der Verlauf den Reaktionsmustern und Phasen der traumatischen Krise annähern (Wedler et al. 1992, 57 ff).

Die existenzielle Bedeutung kritischer Lebensereignisse ist in der Sozialen Arbeit bekannt, auch wenn das methodische Rüstzeug zumeist fehlt. Ein fundiertes Modell skizziert Müller (2003, 162 ff). Klinische Sozialarbeiter müssen sich stets bewusst sein, dass Klienten oft massive Traumatisierungen erlitten haben, die abgewehrt oder verleugnet werden. In der Begegnung mit traumatisierten Personen ist es entscheidend, *aktiv* und *vielseitig* zu handeln. Es ist überdies davon auszugehen, dass Passivität, gefühlsmäßige Zurückhaltung und „technische" Neutralität von diesen Klienten als sorgloses oder gar zurückweisendes Verhalten erlebt wird. Dem gewünschten Veränderungsprozess ist daher mehr gedient durch die Einnahme einer zugewandten, aktiven Haltung, die zugleich eine Vielseitigkeit der affektiven Anteilnahme der Helfer erlaubt.

Akzeptanz und Respekt, Achtung und Beachtung sind Grundhaltungen für jegliche Klinische Sozialarbeit (Kap. 7), insbesondere jedoch für die Arbeit mit traumatisierten Menschen, die häufig vielfältig marginalisiert sind und erfolglos durch soziale und medizinische Behandlungssysteme geschleust wurden, wo sie aufgrund ihrer Problematik und Lebenslage als scheinbar ungeeignete (unmotivierte, unbehandelbare) Klienten oder Patienten auffallen. Klinische Sozialarbeiter, die traumatisierten Klienten authentische Wertschätzungserfahrungen im Rahmen einer helfenden Beziehung ermöglichen, beachten die Wertprobleme dieser Menschen, die direkt mit ihrem geringen sozialen Status, ihrem mangelnden Prestige und fehlender Anerkennung im Alltagsleben zusammenhängen. Von den Qualifikationsmerkmalen Klinischer Sozialarbeit (Kap. 2.4) ist hier *Persönlichkeitskompetenz* im Sinne therapeutischer *Awareness* und akzeptierender Haltung besonders hervorzuheben.

3.4   Angehörigenarbeit

Angehörige spielen fast immer eine bedeutsame Rolle. Lange Zeit fanden sie jedoch weder bei professionellen Helfern noch in der Öffentlichkeit angemessen Gehör. Die Familien und besonders die Frauen waren überfordert und fühlten sich allein gelassen, da beispielsweise im psychiatrischen Kontext das Netz gemeindenaher Einrichtungen und alltagsbegleitender Hilfen (z. B. tagesentlastende Dienste) nicht ausreichend war. Doch nicht nur in der Arbeit mit psychisch Kranken, sondern auch in der Kinder-, Jugend- und Familienhilfe, der Arbeit mit Suchtkranken, behinderten, traumatisierten und chronisch kranken Menschen muss ein psychosozialer Handlungsansatz, der den Einzelnen in und mit seiner Welt ernst nimmt, die Angehörigenperspektive fokussieren.

Die Psychiatriereform und die schrittweise Öffnung der Anstalten mit Ansätzen einer gemeindenahen Psychiatrie, hin zu ambulanten Hilfen und Tageskliniken für psychisch Kranke, öffnete eine neue Sicht auf Angehörige und die Arbeit mit ihnen, – beginnend in den 70er Jahren in Hamburg und München mit professionell begleiteten Angehörigengruppen. Durch die Sektorierung der psychiatrischen Versorgung können Kranke heute vermehrt in gemeindenahe Dienste (Tageskliniken, Wohnheime) entlassen werden und wohnen dann zu Hause oder im Kontaktbereich der Familie. Dies bedingt eine verstärkte Zusammenarbeit mit den Angehörigen. Auch bei geografischer Trennung sind die Familien meist wichtige

Bezugssysteme. Sie leisten oft Wesentliches für den Patienten und werden Partner der behandelnden Fachkräfte. Damit „generiert" die Familie weniger Pathologie, als sie an Hilfe für den Betroffenen leistet. Dies ist eine der wichtigsten Erkenntnisse hinsichtlich der therapeutischen Arbeit mit Familien.

Durch eine schwere Erkrankung ist das gesamte Familiensystem langfristig und schwerwiegend betroffen. Die Folgen sind (insbesondere im Falle psychischer Erkrankungen) zumeist Scham- und Schuldgefühle sowie sozialer Rückzug. Die Angehörigen leiden unter dem Gefühl der Verunsicherung und des Überfordertseins. Dies beeinträchtigt zumeist alle Familienmitglieder, nicht zuletzt auch durch finanzielle Belastungen. Oft muss ein Familienmitglied – meist die Ehefrau – ihren Beruf aufgeben. Angehörige schränken ihre Lebensweise immer mehr ein und verzichten auf Urlaub und Außenkontakte. Nicht selten kommt es zu ähnlich isolierten Lebensformen wie in Kliniken. Für betreuende Familien sind deshalb folgende Grundsätze hilfreich:

- sich wehren gegen zu hohe Anforderungen und sich selbst behaupten
- Kranke anregen, fordern und in tägliche Aufgaben einbinden
- Krankheitsfolgen mit Gefahr der Überforderung kennen
- emotionales Überengagement vermeiden (*expressed emotion*)
- Patienten anregen, professionelle Angebote anzunehmen

In der Klinischen Sozialarbeit mit Familien geht es nicht um das anspruchsvolle Ziel, die Familie selbst zu verändern. Ziel ist vielmehr, die sozialen Fähigkeiten aller Beteiligten soweit zu fördern, dass sie den Alltagsansprüchen gewachsen sind, ohne krank zu werden oder weitere Verschlechterung zu erleiden (d. h. die Pflegenden müssen gepflegt werden; *caring for the carers*; Hedtke-Becker 1999). Dies gilt vor allem bei chronisch Kranken und rückfallgefährdeten Patienten und ist realistischer als der Vorsatz, „heilen" zu wollen.

Grundlage für jede Form sozial-klinischer Intervention ist es, die psychosoziale und emotionale Situation der Angehörigen zu bestimmen und zu verstehen. Wenn der Kranke in der Einrichtung oder Klinik in Erscheinung tritt, ist davon auszugehen, dass Angehörige im Vorfeld bereits langwährende Erfahrungen mit der Krankheit und „ihrem" Kranken gemacht haben – häufig bis an die Grenzen ihrer Belastbarkeit. Dennoch ist bei Angehörigen in der Regel ein großes Potenzial an Fürsorge und Toleranz vorhan-

den. So entwickeln Familien oft tragfähige Bewältigungsstrategien, deren *Selbsthilfepotenzial* unterstützt werden sollte. Dies wird speziell in der *psychoedukativen Rückfallprophylaxe* im Kontext psychischer Erkrankungen versucht (Hahlweg et al. 1995). Entscheidend bei allen Hilfemaßnahmen ist die Verringerung der Selbststigmatisierung Betroffener und Angehöriger, die eine schwere (insbesondere psychische) Erkrankung häufig als soziale Zurückweisung, Hoffnungslosigkeit, Schuld oder (Selbst-)Bestrafung interpretieren. Die Aufgabe des Klinischen Sozialarbeiters besteht zu einem wesentlichen Teil darin, solche Überzeugungen positiv zu beeinflussen und zu verändern. Dies berührt auch die Akzeptanz der Erkrankung und die Hoffnung, trotz der Erkrankung oder Behinderung wieder ein befriedigendes Leben aufbauen zu können.

4 Rechtliche und politische Aspekte

Klinische Sozialarbeit ist wie jede Soziale Arbeit in gesellschaftliche Rahmenbedingungen gestellt, auf denen sie gründet und die zu respektieren sind, die es andererseits jedoch auch zu verändern gilt, wenn existenzielle Anliegen ihrer Klienten betroffen sind. Schon deshalb, aber auch aufgrund ihrer systematischen Verortung im Sozial- und Gesundheitswesen, ist sie mit der Sozial- und Gesundheitspolitik (Kap. 4.1) befasst und sollte sich der maßgeblichen Institutionen und Rechtsgrundlagen (Kap. 4.2) bewusst sein. Exemplarisch wird klinisches Handeln im Kontext der Jugendhilfe und der ambulanten Soziotherapie (Kap. 4.3) dargestellt. Professionspolitisch betrachtet ist die Klinische Sozialarbeit zugleich Auslöser und Nutznießer einer Binnendifferenzierung (Kap. 4.4), die zwar noch umstritten, doch als Antwort auf den demografischen und sozialen Wandel unvermeidlich ist.

4.1 Sozial- und Gesundheitspolitik

Kaum ein anderes Thema beschäftigt die Menschen derzeit so stark, wie die gesundheits- und sozialpolitischen Umbrüche (Huber 2004, 38): „Das Thema Gesundheit berührt den Kern des individuellen wie des gesellschaftlichen Wohls, und die konkrete Umsetzung eines sozialen Gesundheitssystems dürfte für die Zukunft . . . entscheidend werden." Im Gegensatz dazu dominiert im Gesundheitswesen noch immer ein biomedizinisches Verständnis von Gesundheit als Abwesenheit von Krankheit. Erst langsam verbreitet sich mit Gesundheitswissenschaften und dem *New Public Health* eine dynamische Sicht, die Gesundheit als mehr oder weniger ausgeprägtes Wohlsein bzw. Wohlbefinden versteht. Dazu gehört die aktive Auseinandersetzung mit der Umwelt, die Verfolgung subjektiver Anliegen (Selbstaktualisierung) und das Bestreben, Beeinträchtigungen der personalen Integrität zu reduzieren. Damit ist erneut das ganzheitliche *bio-psycho-soziale* Verständnis angesprochen, das die Klinische Sozialarbeit auszeichnet (Kap. 1). Im Gesundheitswesen wird dies bisher allerdings kaum (an-)erkannt und auch in der Gesundheitspolitik noch nicht angemessen gewürdigt. Genau besehen verschwimmen damit die Grenzen von Gesundheits- und Sozialpolitik.

Die WHO verfolgt zwar seit 1980 das Ziel „Gesundheit für alle", stellt aber erst im „Weltgesundheitsbericht 2000" operationalisierbare Ziele und Messwerte vor. Dazu zählen: Verbesserung der Gesundheit der Bevölkerung, faire Finanzierung, Kontakt zwischen Patient und Gesundheitssystem (Responsivität) mit besonderem *Respekt für die Person* (Subkategorien: Würde und Autonomie des Individuums, Vertraulichkeit, angemessene Kommunikation und Information). Gemessen daran zeigen die Gesundheitssysteme der EU unterschiedliche Stärken und Schwächen. Alle hingegen haben Bedarf an Qualitätssicherung, Effizienz und integrierter Versorgung – und an einer Sozialarbeit, die Autonomie stärken, Teilhabe befördern und Menschenwürde bewahren soll und auf diese Weise das gesundheitliche Wohlergehen ihrer Klientel verbessert. Auf die unzureichenden gesundheitspolitischen Reformen der letzten Jahre kann an dieser Stelle nur hingewiesen werden. Sie versuchten vorwiegend, die Scherenwirkung von Kostensteigerung und sinkendem Beitragsaufkommen durch Leistungseinschränkungen und Kostenbeteiligung der Patienten zu verringern, statt die Effizienz der Leistungserbringung zu verbessern und die Vorbeugung zu stärken. Ein den Problemen angemessener Umbau des Sozialstaates hätte jedoch neben dem geplanten Präventionsgesetz vor allem zu berücksichtigen:

Gesundheitspolitisch: Wirksamkeitsverbesserung und Kostensenkung. Sowohl die Effektivität als auch die Effizienz des Gesundheitssystems leiden unter den Partikularinteressen der Anbieter von Gesundheitsleistungen, aber auch an der Institutionalisierung und Bürokratisierung des Systems und dem mangelnden oder fehlgeleiteten Gesundheitsverhalten der Bürger. Die vorherrschende Medikalisierung und Fixierung auf biomedizinische Versorgung müsste gesundheitspolitisch überwunden, zumindest jedoch ergänzt werden durch eine dezidiert psychosoziale Perspektive. Gesundheitsförderung und sozialprofessionelle Beratung und Behandlung weisen wie das geplante *Präventionsgesetz* in die richtige Richtung, da sie verhaltens- *und* strukturorientierte Strategien entwickeln.

Sozialpolitisch: Verteilungsgerechtigkeit durch Verringerung gesundheitlicher Ungleichheit. Ungeachtet der scheinbar unaufhaltsamen Ausweitung des Gesundheitssektors ist das Gut Gesundheit höchst ungleich verteilt (*health inequity*). Wie die Korrelation von Verarmung und Vulnerabilität zeigt, ist mangelnde Gesundheit – auch psychische – in hohem Maße mit sozialer und ökonomischer Benachteiligung gekoppelt (Mielck 2002). Deshalb ist neben der Gesundheitspolitik auch die Sozialpolitik gefordert, die dem umfassenden Ziel sozialer Gerechtigkeit verpflichtet ist.

Gesellschaftspolitisch: Förderung des Human- und Sozialkapitals und einer sozialintegrierten Gesellschaft. Individuelle und soziale Gesundheit sind gesellschaftlich wertvoll, denn Investitionen in die Gesundheit sichern Humanressourcen und stärken die inklusiven und produktiven Kräfte. Dabei steht der Begriff *Sozialkapital* mit den Elementen soziales Vertrauen, soziale Bindung, Verantwortung und Vernetzung für eine neue analytische Kategorie zur Erfassung der sozialen Kohäsion einer Sozialstruktur.

Soweit Humandienstleistungen auf Förderung des Wohlbefindens (Gesundheitsförderung), der Selbstverfügungskräfte (*Empowerment*) und eines gelingenden Lebens (Sozialarbeit) gerichtet sind und zur Verbesserung prekärer Lebenslagen beitragen, ist ihre Bedeutung für Person und Gesellschaft offenkundig (Mielck 2002, 39): „Psychosoziale Gesundheit wird vor allem durch Beziehungsstörungen bedroht und die Krankheiten der Moderne erfordern auch so etwas wie die Heilkunst für das soziale Beziehungsgefüge von Menschen, die miteinander produktive Leistungen erbringen wollen." Genau dafür steht die berufliche Sozialarbeit, auch in ihrer klinischen Variante. Kurzatmige Sparbemühungen der Gesundheitspolitik torpedieren das allerdings, da neue Kosten befürchtet werden. Tatsächlich aber könnte sie wie jede Gesundheitsförderung erheblich zur Kosteneinsparung beitragen, was beispielsweise für die Soziotherapie empirisch belegt ist (Melchinger 1999). Da die Verantwortung für Gesundheit nicht nur beim Einzelnen und auch nicht nur in äußeren Bedingungen (und keineswegs allein beim öffentlichen Gesundheitssektor) liegt, hat die Klinische Sozialarbeit beides, Gesundheitsverhalten und -verhältnisse, zu berücksichtigen und ihre Bemühungen auf psychosoziale Komplikationen zu fokussieren.

4.2   Institutionen und Rechtsgrundlagen

Der Staat verfügt nach Luhmann im Wesentlichen über zwei Instrumente, um seine Ziele durchzusetzen: Gesetz und Geld. Je differenzierter eine Gesellschaft ist, umso komplexer ist auch die Institutionalisierung, die den gesellschaftlichen Grundanliegen dienen soll. Dies gilt auch für Einrichtungen und Maßnahmen des Gesundheitswesens – grundsätzlich und im Hinblick auf Klinische Sozialarbeit.

4.2.1   Gesundheitssorge und soziale Sicherung

Die sozialstaatlichen Bemühungen zur Verwirklichung des Anspruchs auf Gesundheit, soziale Sicherung und Teilhabe finden im *Sozialrecht* Ausdruck, das im Wesentlichen im *Sozialgesetzbuch* (SGB) kodifiziert ist. Seine Leitlinie ist im Allgemeinen Teil programmatisch formuliert (§ 1 Abs. 1 SGB I):

„[Es] soll zur Verwirklichung sozialer Gerechtigkeit und sozialer Sicherheit Sozialleistungen einschließlich sozialer und erzieherischer Hilfen gestalten . . . Es soll dazu beitragen, ein menschenwürdiges Dasein zu sichern, gleiche Voraussetzungen für die freie Entfaltung der Persönlichkeit zu schaffen, die Familie zu schützen und zu fördern, den Erwerb des Lebensunterhalts durch eine frei gewählte Tätigkeit zu ermöglichen und besondere Belastungen des Lebens, auch durch Hilfe zur Selbsthilfe, abzuwenden oder auszugleichen."

Institutionalisiert wurde dies im *Sozialen Sicherungssystem* mit den Organisationsprinzipien Versicherung, Versorgung und Fürsorge (Kap. 2):

- Die *Sozialversicherung* soll der Abwehr und Bearbeitung sozialer Risiken durch Eigenvorsorge und staatliche Daseinsvorsorge dienen (Vorsorgesystem);
- die *Versorgung* soll bestimmte Aufwendungen oder Schäden ausgleichen (Entschädigungssystem);
- die *Fürsorge* soll in besonderen Notlagen Hilfe leisten (Hilfesystem).

Auch wenn die Krankenversicherung (KV; SGB V) als Element der Sozialversicherung für die Finanzierung von Gesundheitsleistungen am wichtigsten ist, sind grundsätzlich alle drei Systeme für die Klinische Sozialarbeit von Bedeutung. Das *Gesundheitswesen* – kritisch auch „Krankenversorgungswesen" oder „Krankheitswesen" (Göpel 2004) genannt – umfasst Einrichtungen und Maßnahmen, die der Bekämpfung von Krankheit und (mit Einschränkungen) der Förderung der Gesundheit dienen, zunächst unabhängig von der Art ihrer Trägerschaft und Finanzierung. Das führt zu dem schwer überschaubaren Mischverhältnis von öffentlichen (staatlichen), frei-gemeinnützigen und kommerziellen Einrichtungen und Angeboten, die zusammen das Gesundheitswesen ausmachen und deshalb auch Gegenstand der Gesundheitspolitik und -gesetzgebung sind.

Im Sinne der GKV gilt Gesundheit als Abwesenheit von Krankheit, und Krankheit als „regelwidriger Körper- oder Geisteszustand", der die normalen psychophysischen Funktionen beeinträchtigt und ärztliche Heilbehandlung erfordert oder Arbeitsunfähigkeit zur Folge hat (§ 27 SGB V). Diese definitorische Enge mag bedauerlich sein, da sie soziale Aspekte mit Ausnahme der Arbeitsfähigkeit ausblendet. Sie zwingt andererseits dazu, den möglichen Beitrag der Sozialen Arbeit für den Gesundungsprozess genauer zu formulieren und zu belegen – und ist insofern ein ernst zu nehmendes Argument für die Klinische Sozialarbeit. Dass diese im Kontext der GKV nur unter ärztlicher Verantwortung ihren Platz findet, ist auch eine Folge dieser Definition, die das Ziel einer *umfassenden* Gesundheitssorge verfehlt.

In den Einrichtungen der ambulanten und stationären *Krankheitsbehandlung* und ärztlich-medizinischen Versorgung verdient der Beitrag der nichtärztlichen Gesundheits- und Therapieberufe eine Aufwertung, ergänzt um fachgerechte *Gesundheitsförderung* und integrierte Versorgung (Kap. 5), zu der die Klinische Sozialarbeit ihren Beitrag leisten soll. Nicht zu unterschätzen ist dabei die Tatsache, dass die Sicherstellung der Gesundheitsversorgung zu einem wesentlichen Teil den Selbstverwaltungskörperschaften im ambulanten und stationären Sektor übertragen ist, wie den Kassenärztlichen Vereinigungen und Krankenkassen, die sich mit nichtmedizinischen (Heil-)Berufen erfahrungsgemäß schwer tun. Deshalb mehren sich Stimmen, die wie Crefeld (2002) eine *heilberufsrechtliche Regelung* für klinisch tätige Sozialarbeiter fordern.

4.2.2 Anspruchsgrundlagen Klinischer Sozialarbeit

Die Aufgaben sozialer Beratung und Behandlung von Menschen in bestimmten Problemlagen – *Klienten* und *Patienten* als Klientel Klinischer Sozialarbeit – sind sozialrechtlich unzureichend verankert. Dessen ungeachtet gibt es Anknüpfungspunkte und sogar Anspruchsgrundlagen für bestimmte Problemstellungen und Zielgruppen (Kap. 3). Sie werden für einige Handlungsfelder in einem kurzen Überblick skizziert, um dann im folgenden Kapitel klinisches Handeln und Rechtsgrundlagen am Beispiel der Jugendhilfe und Soziotherapie zu erörtern.

Krankenhaus – SGB V: Die stationäre Versorgung basiert auf Bundespflegesatzverordnung, Krankenhausentgeltgesetz, SGB V und Landeskrankenhausgesetzen. Fast jeder vierte Bürger wird im Laufe eines Jahres zum Krankenhauspatienten. Zählt man nur *einen* Angehörigen hinzu, ist nahezu die Hälfte der Bevölkerung jährlich unmittelbar betroffen. In vielen Fällen ist der Klinikaufenthalt mit derart schwerwiegenden körperlichen, seelischen oder sozialen Beeinträchtigungen verbunden, dass sozialprofessionelle Hilfe benötigt wird. Ansen et al. (2004) skizzieren die Aufgabe der Sozialen Arbeit im Krankenhaus, weisen aber auch kritisch darauf hin, dass die gesetzlichen Regelungen vage sind. Grundsätzlich handelt es sich um die *soziale* Beratung und Betreuung im Krankenhaus und um den möglichst nahtlosen Übergang zur Rehabilitation oder Pflege (§ 112 II Nr. 4 und 5 SGB V). Daneben sei auf die wachsende Bedeutung der Prävention hingewiesen, die der GKV in § 20 SGB V aufgetragen ist und in einem Präventionsgesetz konkretisiert werden soll.

Abhängigkeit – Sozialhilfe/SGB XII: Für viele Abhängigkeitserkrankungen kommt neben den krankheitsspezifischen Leistungen der GKV die Sozialhilfe als Leistungsträger in Betracht, wobei das BSHG durch das SGB XII – mit ähnlichem Inhalt, aber anderem Aufbau – ersetzt wurde. Bedeutsam sind hier „Hilfen zur Gesundheit" (§§ 47 ff SGB XII) sowie „Beratung, Unterstützung und Aktivierung" (§ 11 Abs. 1 bis 3 SGB XII; weitere Vorschriften u. a. in § 14 SGB I, § 22 ff SGB IX, § 92 SGB V). „Riskanten Alkoholkonsum" praktizieren 9,3 Mio. Erwachsene. Dazu kommen weitere stoffgebundene und nichtstoffliche Abhängigkeiten, die das Ausmaß des Problems deutlich machen (Sting/Blum 2003). Neben Entgiftung und stationärer Therapie für suchtkranke Menschen, bei der schon *klinisch-soziale* Aspekte eine Rolle spielen, gibt es die ambulante und teilstationäre Suchtkrankenhilfe, die zu einem wesentlichen Teil von Sozialarbeitern erbracht wird. In Suchtkliniken sind sie sowohl an der Einzel- als auch der Gruppentherapie beteiligt und in der ambulanten „Rehabilitation Sucht" an der suchtspezifischen Soziotherapie. Stets handelt es sich dabei um Beratung und Behandlung von Patienten, deren Angehörige und Umfeld mit einbezogen werden. Interventionsziele in aufsteigender Ordnung sind Sicherung des Überlebens, Verhinderung körperlicher Folgeschäden, Erhalt der sozialen Umgebung, Verhinderung der Desintegration, Ermöglichung von Abstinenzphasen, Krankheitseinsicht, Anerkennung des Behandlungsbedarfs und Abstinenzziels, konstruktive Bearbeitung von Rückfällen und Befähigung zur Selbsthilfe. Von der Sozialarbeit wird dementsprechend klinische Fachkompetenz verlangt.

Öffentlicher Gesundheitsdienst – ÖGD-Landesgesetze: Gesundheit ist keine reine Privatsache, sondern auch im öffentlichen Interesse. Der Öffentliche Gesundheitsdienst ist neben der weitgehend privatisierten ambulanten Versorgung (Arztpraxen) und dem stationären Versorgungssystem (Kliniken) die „dritte Säule" des Gesundheitswesens, staatlich beauftragt mit dem doppelten Mandat von (Gesundheits-)Hilfe und (Gesundheits-)Kontrolle. Ungeachtet vieler Unterschiede des föderal organisierten ÖGD mit länderspezifischen Gesetzen gibt es gemeinsame Entwicklungen. So wird die gestaltende Rolle der Gesundheitsämter für eine zeitgerechte *kommunale* Gesundheitspolitik in zunehmendem Maße erkannt und die „klassischen" Aufgaben des Gesundheitsamtes werden durch den Auftrag zur Gesundheitsförderung erweitert (z. B. im Gesetz über den Öffentlichen Gesundheitsdienst des Landes Baden-Württemberg; ÖGDG von 1994, § 7). Eine spezifische Aufgabe der Sozialen Arbeit besteht darin, sozial benachteiligte Menschen und vulnerable Gruppen in ihrem Alltag zu erreichen, sie zu befähigen und zu unterstützen gesundheitsbewusst zu leben. Klinische Fachlichkeit wird vor allem benötigt, wenn Mehrfachbelastungen und multiple Persönlichkeitsstörungen vorliegen oder Problemfamilien in schwierigen Konstellationen zu beraten sind. Dies wird im Hinblick auf Klinische Sozialarbeit allerdings erschwert, da einzelne Ländergesetze beispielsweise am Therapieverbot festhalten, andere dagegen einen Behandlungsauftrag ausdrücklich vorsehen (Steen 2005).

Psychiatrie – PsychKG/PsychPV: Sozialarbeit in psychiatrischen Einrichtungen hat nicht nur eine lange Tradition, sondern wird seit der Psychiatriereform besonders betont, da *Sozialpsychiatrie* ohne ihre Mitwirkung kaum vorstellbar ist, sind doch die sozialen Bedingungen für Beurteilung und Verlauf psychischer Krankheiten von größter Bedeutung (Dörr 2005). Klinisch-soziale Fachlichkeit ist daher unverzichtbar. Für die stationäre Behandlung sind die Ländergesetze für *Psychisch Kranke* (PsychKG) und die bundeseinheitliche *Personalverordnung Psychiatrie* (PsychPV) bedeutsam, hier vor allem § 39 i. V. mit § 112 SGB V, der die soziale Betreuung und Beratung im Krankenhaus sowie den Übergang zur Rehabilitation betrifft. Die Personalverordnung stellt insofern einen Fortschritt dar, als darin komplexe Interventionen als klinische Tätigkeiten genannt und ausdrücklich der Sozialen Arbeit zugeordnet werden. Dazu zählen etwa sozialpädagogische Grundversorgung, einzelfall- und gruppenbezogene Behandlung, aber auch mittelbar patientenbezogene Tätigkeiten. Konkret werden diagnostische, therapeutische, beratende und einübende Maßnahmen aufgeführt sowie Grundprinzipien, die auf Klinische Sozialarbeit zugeschnitten sind: mehrdimensionales Krankheitskonzept, multiprofessionelles Behandlungsteam, bedarfsorientierte Versorgung und wohnortnahe Behandlung – stets mit Blick auf den psychisch kranken Patienten, seine Angehörigen und sein soziales Umfeld. In Anbetracht der enormen Verkürzung der Verweildauer (Enthospitalisierung) und brüchigeren sozialen Netzen (Drehtüreffekt) wird eine fachlich und methodisch kompetente Sozialarbeit wichtiger – ohne dass ihre Bedeutung bisher rechtlich und statusmäßig angemessen gewürdigt wird. Dies gilt auch für die extramurale Versorgung und die ambulante Sozialtherapie.

Behinderte und chronisch Kranke – SGB IX: Die Zahl der Menschen mit schwerwiegender Behinderung liegt bei 6,6 Mio., wobei viele chronisch Erkrankte darin nicht erfasst sind. Wichtigste Grundlage ist das SGB IX („Rehabilitation und Teilhabe behinderter Menschen"). Es bekräftigt in Anlehnung an das Partizipationsmodell der WHO den Anspruch auf Unterstützung und Solidarität durch Förderung der Teilhabe am gesellschaftlichen Leben. Das soll mit medizinischen, beruflichen und sozialen Leistungen schnell, wirkungsvoll, wirtschaftlich und dauerhaft erreicht werden (Mühlum/Gödecker-Geenen 2003). Ausgehend von § 5 SGB IX sind die *medizinischen* Reha-Leistungen in SGB V, VI, VII, VIII, XI, XII und BVG (Bundesversorgungsgesetz) sowie *Teilhabe am Arbeitsleben* in SGB II, III, VI, VII, VIII, XII und BVG und die *Teilhabe am Leben in der Gemeinschaft* in SGB VII, VIII, XII und BVG geregelt. Die personenbezogene Beratung und Unterstützung in Kliniken, Rehabilitationseinrichtungen und Beratungsstellen ist dabei von besonderer Bedeutung (Reha-Beratung). Sie beinhaltet administrative, psychosoziale und bei schweren Behinderungen und multiplen Problemen auch klinisch-soziale Aufgaben.

4.3 Klinisches Handeln im sozialrechtlichen Kontext

Im hochgradig verrechtlichten und bürokratisierten Gesundheitssystem kann sich eine klinisch orientierte Sozialarbeit offenbar nicht einfach kreativ entwickeln oder organisch wachsen, sondern muss vielmehr sozialrechtlich normiert und „eingepasst" sein, um überhaupt tätig werden zu können. Wichtige Einsatzmöglichkeiten bieten sich im Rahmen der Jugendhilfe (nach KJHG/SGB VIII) und der Soziotherapie (nach SGB V). Sie werden im Folgenden exemplarisch skizziert.

4.3.1 Beispiel Jugendhilfe

Jedes fünfte Kind leidet hierzulande an Entwicklungs- und Verhaltensstörungen, wobei neben motorischer Schwäche, Sprachentwicklungsverzögerung, Übergewicht und Allergien vor allem seelische Auffälligkeiten wie Aggressionen, Selbstverletzungen und depressive Verstimmungen alarmierend zunehmen (Deutsche Liga für das Kind im Oktober 2004 in Heidelberg). Ursachen sind beispielsweise Mangel an Eigenaktivität, gestörte Beziehung zu den Eltern, passiver Reizkonsum oder etwa die Unfähigkeit, mit Belastungen oder Misserfolg adäquat umzugehen. Die damit einhergehende Verlagerung von körperlichen zu seelischen Störungen manifestiert sich in komplexen Erkrankungen, die Körper, Seele und soziale Beziehungen gleichermaßen beeinträchtigen – insbesondere bei Kindern aus sozial schwachen Familien. Diese Bestandsaufnahme klingt nicht nur wie ein Hilferuf der betroffenen Kinder und Familien, sondern ist auch ein Appell an die Soziale Arbeit, sich dieser Probleme anzunehmen.

Psychosoziale Hilfe für „auffällige" junge Menschen bietet die *Kinder- und Jugendhilfe* und die *Kinder- und Jugendpsychiatrie* an (Kap. 3). Beide Versorgungssysteme entwickelten sich unabhängig voneinander und standen lange unverbunden nebeneinander. Das hat sich im vergangenen Jahrzehnt deutlich verbessert. So werden im KJHG/SGB VIII beratende, erziehende und therapeutische Aufgaben für Kinder und Jugendliche, Eltern, Familien sowie für deren soziales Umfeld angeführt. Die Eingliederungshilfe für seelisch behinderte junge Menschen wird in § 35a KJHG der Jugendhilfe zugeordnet. Dies ist eine Aufgabe neuer Dimension, die bisher nur ausnahmsweise möglich war und derzeit erneut von Einschränkungen bedroht ist. Auf dem langen Weg von der Kontrollbehörde zur sozialpädagogischen Fachbehörde ist sie damit auch eine Art Rehabilitationsträger geworden. Die Zuordnung der Eingliederungshilfe für seelisch Behinderte zur Jugendhilfe ist Chance und

Herausforderung zugleich für die soziale Profession. Sie benötigt nun – über die „allgemeine" Sozialarbeit hinaus – eine spezifische klinisch-fachliche Kompetenz. Die Interdependenz von Erziehungs-defizit und Behinderung erfordert die Integration dieser Kompe-tenz, um ganzheitliche psychosoziale und erzieherische Hilfe zu leisten, die in der Frühförderung beginnt. Der Jugendhilfe ist da-mit eine Aufgabe übertragen, die über die kinderpsychiatrische diagnostische Definitionsmacht hinausgeht. Somit wird nun im Ju-gendhilfebereich entschieden, welche Hilfen geeignet und notwen-dig sind – was für Hilfeplanung, -leistung und -kontrolle entspre-chende fachliche Standards voraussetzt (Fegert/Schrapper 2004).

Auch Köttgen (1995, 75) betont, dass diese Aufgabe eine spezifi-sche Fachkompetenz erfordert. Zur Versorgungslage stellt sie fest, dass Sozialpädagogen die Hauptarbeit mit Kindern und Jugendli-chen vor und nach der Trennung von den Eltern leisten – nicht die besser bezahlten Therapeuten, Ärzte und Psychologen. Tatsächlich seien Beraterinnen, die das Jugendhilfeklientel mitsamt dessen Umfeld kennen, besonders hilfreich, wohingegen die klassische psychotherapeutische Ausbildung allein dafür kaum ausreiche. Was also liegt näher, als die ohnehin mit diesem Feld und dieser Aufga-be betrauten Sozialarbeiter zu befähigen, mit den Bedürfnissen und Störungen, Behinderungen und psychosozialen Verwicklungen fach-lich-klinisch qualifiziert umzugehen (Kap. 3)? Grundanliegen ist dabei, die körperliche, geistige und psychoemotionale Gesundheit ab dem frühesten Kindesalter durch präventive, kurative, therapeu-tische und pädagogische sowie beratende Maßnahmen zu sichern (Weiß et al. 2004). Dies geschieht – bereits in der Frühförderung – unter Einbeziehung des sozialen Umfeldes und berücksichtigt psy-chosoziale Interaktionen, die bekanntlich alle Entwicklungsverläufe mit bestimmen.

4.3.2 Beispiel Soziotherapie

Die im Jahr 2000 in den Leistungskatalog der gesetzlichen Kran-kenversicherung aufgenommene *Soziotherapie* (§ 37a SGB V) ist für psychisch schwer erkrankte Patienten ein Hilfeangebot im Rah-men gemeindenaher psychiatrischer Versorgung und stellt an die Fachkräfte hohe Anforderungen. In der Sache handelt es sich um eine sozialrechtliche Ausgestaltung und Anwendung der *sozialen*

Therapie, die von Mary Richmond 1917 benannt und von Alice Salomon übernommen wurde. So sollte die analytische Vorgehens- und Arbeitsweise der Sozialberufe in Analogie und gleichzeitig klarer Unterscheidung zur Rolle des Arztes Ausdruck finden: Probleme wurden als „sozial", d. h. gesellschaftlich (mit-)verursacht gedeutet und stellten neue Anforderungen an Praxis, Theorie und Ausbildung (Wronsky/Salomon 1926). In die Medizin fand der Begriff durch Viktor von Weizsäcker 1947 Eingang. In der Sozialarbeit verbreitete er sich vor allem im Zuge der Psychiatrie-Enquête von 1975 und der Schaffung *Sozialtherapeutischer Anstalten* sowie in einschlägigen Weiterbildungs- und Studienangeboten. Die außerordentliche Bedeutung sozialer Faktoren – sowohl für die Entstehung als auch für Behandlung und Besserung von Krankheiten, Störungen und Auffälligkeiten – stand dann auch bei der Einführung der *Soziotherapie* Pate.

Sozial- und Soziotherapie werden in der PsychPV synonym gebraucht, dagegen ist Soziotherapie im SGB V sozialrechtlich enger gefasst als Ergänzung der (medizinischen) Behandlung chronisch psychisch Kranker. Als *theoretische Grundannahme* des soziotherapeutischen Ansatzes gilt, dass „die Symptomatik, das Verhalten und Erleben psychisch Kranker von Faktoren des sozialen Umfeldes abhängen und über Interventionen in diesem Umfeld zu beeinflussen sind" (Eikelmann et al. 1999, 63). Ausschlaggebend für die Übernahme in den Leistungskatalog der GKV waren die Ergebnisse des Modellprojekts „Ambulante Rehabilitation psychisch Kranker", das eine Kosten-Nutzen-Relation der ambulanten sozio-therapeutischen Maßnahmen von eins zu sechs nachwies (Ansen 2001, 72).

„(1) Versicherte, die wegen schwerer psychischer Erkrankung nicht in der Lage sind, ärztliche oder ärztlich verordnete Leistungen selbständig in Anspruch zu nehmen, haben Anspruch auf Soziotherapie, wenn dadurch Krankenhausbehandlung vermieden oder verkürzt wird oder wenn diese geboten, aber nicht ausführbar ist. Die Soziotherapie umfasst im Rahmen des Abs. 2 die im Einzelfall erforderliche Koordinierung der verordneten Leistungen sowie Anleitung und Motivation zu deren Inanspruchnahme. Der Anspruch besteht für höchstens 120 Std. innerhalb von 3 Jahren je Krankheitsfall." (§ 37a SGB V)

Die Soziotherapie zählt rechtssystematisch nach der Beschaffenheit zu den *Sachleistungen*, nach der Rechtsgrundlage zu den *Regelleistungen* und nach der Rechtsnatur zu den *Rechtsanspruchsleistungen*. Die fachlichen Voraussetzungen, Indikationen und

Leistungsinhalte sind (nach § 73 Abs. 2 Satz 1 i. V. m. § 132b SGB V) in Richtlinien des Bundesausschusses der Ärzte und Krankenkassen geregelt.

Aus Sicht der Sozialarbeit ist festzuhalten: Die rechtliche Anerkennung der Soziotherapie ist ein Fortschritt; die Verantwortung bleibt beim Arzt; die Zuständigkeit der Sozialarbeit ist nicht exklusiv; die Leistungserbringer müssen definierte Anforderungen erfüllen; es handelt sich um eine klinische Aufgabe. Das bedeutet, dass sozialpädagogische Fachkräfte für diese Aufgabe – wie bei suchttherapeutischer Behandlung – einer klinischen Zusatzqualifikation bedürfen. Soziotherapie umfasst nach den oben genannten Richtlinien im Wesentlichen folgende Leistungen:

- Erstellung eines soziotherapeutischen Betreuungsplans (im Zusammenwirken von Arzt, Soziotherapeut und Patient);
- Koordination von Behandlungsmaßnahmen und Leistungen gemäß Betreuungsplan (einschließlich Anleitung zur Selbsthilfe und Selbstständigkeit des Patienten);
- Arbeit im sozialen Umfeld (Analyse der häuslichen, sozialen und beruflichen Situation, Einbeziehung Angehöriger und Freunde, Heranführung an komplementäre Dienste);
- soziotherapeutische Dokumentation (z. B. Maßnahmen, Therapieziele, Behandlungsverlauf);
- Motivationstraining (Übungen zu Motivation, Belastbarkeit und Ausdauer);
- Training zur handlungsrelevanten Willensbildung hinsichtlich Tagesstrukturierung, Konfliktbewältigung, Verhaltensänderung;
- Anleitung zur Verbesserung der Krankheitswahrnehmung (Hilfen beim Erkennen von Krisen bzw. Frühwarnzeichen und zur Krisenvermeidung, Förderung der *Compliance* und gesunder Persönlichkeitsanteile);
- Hilfen in Krisen (Vermeidung der Verschlechterung sowohl der Krankheit als auch der häuslichen, sozialen und beruflichen Situation des Patienten (zum Umfang der Soziotherapie vergleiche SGB V § 37a, 39, SGB LR-99 Lieferung 1.2.2004).

Der *sozialtherapeutische Betreuungsplan* erfordert zwingend folgende Inhalte (abgestimmt zwischen Arzt, Soziotherapeut und Patient): Anamnese, Diagnose, aktueller Befund mit Art und Ausprägung der Fähigkeitsstörungen und Schweregrad, angestrebte Therapieziele und Teilschritte, therapeutische Maßnahmen, zeitliche Strukturierung der Maßnahmen und Prognose (ebd. 30–32). Darin wird die erforderliche klinische Fachlichkeit unmissverständlich deutlich. Auch wenn sie keine „Behandlung" im eigentlichen Sinne der Psychotherapie-Richtlinien ist, leistet Soziotherapie einen lebenswelt- und alltagsbezogenen *eigenständigen Behandlungsbeitrag* zur Stabilisierung des Patienten sowie zur Förderung seiner sozialen Integration. Diese genuine Aufgabe der Sozialarbeit sollte nach unserer Überzeugung als Soziotherapie nicht auf die Behandlung von psychischen Störungen beschränkt sein, sondern auf andere chronische Erkrankungen mit erheblichen psychosozialen Komplikationen ausgedehnt werden (Ansen 2001, 73).

4.4   Professionspolitik und Binnendifferenzierung

Gesundheit ist zu einem Schlüsselbegriff geworden, in dem sich die Hoffnungen der Menschen auf Heilsein und Wohlergehen bündeln. Mit diesen Erwartungen korrespondiert der Ausbau des Gesundheitswesens und eines Gesundheitsmarktes, dessen wachsende Bedeutung in einer alternden Gesellschaft offenkundig ist. Darauf ist die berufliche Sozialarbeit trotz ihrer Nähe zur Gesundheitsfürsorge noch nicht angemessen vorbereitet. Sie steht vor *professionspolitischen* Herausforderungen, die nur angedeutet werden können:

- Ganzheitlichkeit und Spezialisierung
- konkurrierende Berufsbilder und Studiengänge
- disziplinäre und professionelle Verankerung
- fachliche und methodische Profilbildung
- Präventionsgesetz und Beratungsgesetz

Ihre konfliktreiche Platzierung im medizinisch dominierten Gesundheitssystem legt einerseits den Gedanken nahe, klinisch orientierte Sozialarbeit im Heilberufsrecht zu verankern, wie etwa zur Weiterentwicklung der gemeindepsychiatrischen Versorgung gefordert wird (und die Gesetzgebungskompetenz nach Art. 74 Abs. 1, 19 GG berührt). Dem steht die Sorge gegenüber, sie könnte damit noch mehr dem Zugriff des Medizinsystems ausgesetzt sein und selbst zur Medikalisierung des Sozialen beitragen. Ähnlich kontrovers werden Ganzheitsanspruch und Spezialisierung diskutiert, ein Spannungsverhältnis, das die Berufsgeschichte durchzieht. So gehört die ganzheitliche Betrachtung (*holistic conception*) zu den Fundamenten der Profession, daneben steigen hingegen die fachlichen Anforderungen in vielen Handlungsfeldern (Kap. 2). Derzeit scheint sich die jüngste „generalistische Phase" ihrem Ende zu nähern, da die Ausbildung weder mit der „Zauberformel" *exemplarischen Lernens* noch mit einer *Schwerpunktbildung* alle Anforderungen erfüllt. Tatsächlich erfordert die Praxis immer häufiger einschlägige Fort- und Weiterbildung. Daneben entwickeln sich spezialisierte Studiengänge, zu denen die Hochschulen durch die (staatlich verordneten) Stufenabschlüsse zusätzlich motiviert sind. Mittlerweile zeichnet sich als Lösung ab, dass der erste berufsqualifizierende Abschluss (Bachelor) generalistisch sein wird, Master-Studiengänge dagegen Spezialisierung ermöglichen. So einleuchtend das klingt, sieht der Berufsverband (DBSH) jedoch weiterhin Probleme und befürchtet etwa eine Abwertung der grundständigen Ausbildung, Einkommensspreizung und weitere Nachteile. Die Erfahrungen mit dem Psychotherapiegesetz, bei dem die Soziale Arbeit ausgeklammert blieb, sollte hingegen Warnung genug sein. Zum einen muss sie im Wettbewerb mit anderen Professionen spezifische Kompetenzen nachweisen und gewährleisten, zum anderen durchsetzungsfähiger werden, wenn sie – nicht nur im Eigeninteresse, sondern auch im Interesse der Klienten – ihren unverwechselbaren Beitrag für Benachteiligte und Schwächere in der Gesellschaft leisten soll. Die Ausprägung Klinischer Fachlichkeit fördert diese Professionsentwicklung, und zwar nicht nur in den genannten einschlägigen Feldern des Gesundheitswesens, sondern auch generell im Hinblick auf Prophylaxe (Präventionsgesetz) und psychosoziale Beratung (geplantes Beratungsgesetz). Die Gründung der Deutschen Gesellschaft für Beratung (DGfB) weist ebenfalls in diese Richtung. Es wäre verhängnisvoll, wenn sich die Soziale Arbeit von dieser Entwicklung abkoppeln und auf fachliche Einflussnahme verzichten würde.

Die Debatte um eine fachliche Binnendifferenzierung der Sozialen Arbeit lässt sich thesenartig zusammenfassen:

- Am Beginn der Debatte stand die Aufwertung der Methodenlehre und eine Anleihe bei der *Clinical Social Work*, um die Befähigung zu Beratung und Behandlung zu verbessern und die Professionalisierung voranzutreiben.
- Von den sich abzeichnenden neuen Profilen ist das klinische am weitesten entwickelt, kann auf internationale Vorbilder zurückgreifen und ge-

winnt im Spannungsfeld von Gesundheitsverhalten und -verhältnissen an Bedeutung.

- Der vermeintliche Sonderweg klinischer Spezialisierung ist in sozialstrukturellen Umbrüchen begründet, die neue sozialberufliche Kompetenzen erfordern – Disziplin und Profession sind aufgerufen, darauf Antworten finden.
- Der „klinische" Spezialisierungsanspruch löste die Debatte um Binnendifferenzierung und Fachsozialarbeit aus, die weit über das Ausgangsthema hinausreicht, dabei kann die Dynamik der Entwicklung als Beleg für die Notwendigkeit und Etablierung klinischer Fachlichkeit betrachtet werden.
- Dies bedeutet Expertenschaft in sozialer Beratung, Behandlung und Begleitung, die das biomedizinische Paradigma um die psychosoziale Perspektive und einen ganzheitlichen Handlungsansatz erweitert.
- Klinische Sozialarbeit lässt sich weder über Arbeitsfelder (z. B. Kliniken), Zielgruppen (z. B. Patienten) oder Verfahren *allein* definieren, vielmehr ist sie eingebettet in das komplexe System Sozialer Arbeit, in dem Patientenrolle, Intensität der Einwirkung und (Be-)Handlungskompetenz *zusammen* die klinische Fachlichkeit ausmachen.
- Die Koordinaten beruflicher Sozialarbeit werden künftig bestimmt durch die dreistufige Ausbildung (B. A., M. A., Promotion), das Maß an Spezialisierung und die jeweilige Methodenkompetenz. Sie sollte durch verlässliche Standards garantiert sein, wenn sie den Status „Fachsozialarbeit" erreichen möchte.

In professionspolitischer Hinsicht könnte das „*Klinische*" ein Gegengewicht zur Ökonomisierung und Pädagogisierung schaffen und damit die berufliche Sozialarbeit besser ausbalancieren. Mit der *Clinical Social Work* teilt sie die Überzeugung, dass unterschiedliche Formen und Grade der Einwirkung auf Personen und soziale Beziehungen notwendig sein können, um die Eigenkräfte zu aktivieren (Swenson 1995, 507):

„Clinical social work shares with all social work practice the goal of enhancement and maintenance of psychosocial functioning of individuals, families, and small groups. CSW practice is the professional application of social work theory and methods to the treatment and prevention of psychosocial dysfunction, disability, or impairment, including emotional or mental disorders. . . . CSW services consist of assessment, diagnosis and treatment, including psychotherapy and counselling, client-centred advocacy, consultation, and evaluation."

Eine große Chance liegt darin, dass erstmals drei langjährige Forderungen der Profession erfüllt sind, die anschlussfähig machen an die internationale Social Work:

- vollakademischer wissenschaftlicher Abschluss
- Fachwissenschaft Soziale Arbeit als Zentralfach
- externe Qualitätssicherung (*akademisch* über Akkreditierung, *professionell* über Zertifizierung)

5 Einrichtungen und Konzepte

Der Versuch, eine Übersicht über die institutionellen Bedingungen und Konzepte zu geben, in und mit denen Klinische Sozialarbeit handelt, kann aufgrund der Vielfalt ihrer Klientele und Arbeitsfelder nur unvollständig bleiben. Der Fokus liegt im Folgenden auf klinischen Aufgabenstellungen und Arbeitsfeldern (Kap. 5.1), die beispielhaft für das psychiatrische Versorgungssystem (Kap. 5.2), das Akutkrankenhaus und die integrierte Versorgung (Kap. 5.3), die Rehabilitation und die Geriatrie (Kap. 5.4) sowie für den Öffentlichen Gesundheitsdienst und die Jugendhilfe (Kap. 5.5) skizziert werden.

5.1 Klinische Aufgaben und Arbeitsfelder

Beim Blick auf die Institutionen, in denen Soziale Arbeit mitwirkt, wird die Komplexität und Heterogenität ihrer Kontexte und Aufgabenstellungen deutlich. Im Gesundheitswesen gibt es beispielsweise Sozialarbeit im Krankenhaus, in psychiatrischen Kliniken, Gesundheitsämtern, stationären Einrichtungen der Suchtbehandlung und der ambulanten Suchtberatung oder in Rehabilitationskliniken. Im Sozialwesen findet sich Klinische Sozialarbeit in Beratungsstellen, Sozialdiensten, Erziehungs- und schulischen Institutionen, Tagesstätten und Heimen. Im Gesundheitswesen sind die Aufgaben und Zuständigkeiten häufig verwirrend, da Bezirke, Landkreise, Gemeinden und die Institutionen selbst jeweils eigene Schwerpunkte setzen und Zuordnungen vornehmen. So ist etwa der Jugendgesundheitsdienst beim Referat Gesundheit oder auch beim Dezernat Jugend angesiedelt, Behindertenberatung oder Sozialmedizinische Dienste finden sich beim Gesundheits- oder beim Sozialreferat und Gesundheitsämter unterscheiden sich nicht nur örtlich, sondern auch nach Bundesländern, in Abhängigkeit von institutionellen, politischen, ökonomischen und vor allem histori-

schen Faktoren. Es kann also nicht verwundern, dass die sozialberuflichen Praxisfelder im Gesundheitsbereich eigene Traditionen
haben und sehr heterogen ausgestaltet sind. Deshalb wurde wie-
derholt darauf aufmerksam gemacht, dass sich Klinische Sozialarbeit primär über klinische *Aufgabenstellungen* definiert, die in nahezu allen Arbeitsbereichen der Sozialen Arbeit zu finden sind.

Allerdings gibt es Arbeitsfelder und Institutionen, in denen klinische Aufgaben die Regel sind und „nichtklinische" Sozialarbeit
eher die Ausnahme bildet bzw. nur einen Teilaspekt der Gesamt-
tätigkeit darstellt. Soziale Arbeit im Sozial- und Gesundheitswesen arbeitet im Rahmen ambulanter, stationärer und teilstationärer
Beratungs- und Behandlungskontexte, die in Deutschland in der
Regel in der Trägerschaft von Einrichtungen der Wohlfahrtsverbände, der Kirchen, des öffentlichen Gesundheitswesens und so
genannter freier Träger stehen. Wichtige *institutionelle Arbeitsfelder*
finden sich in

- der psychosozialen Beratung und Therapie ambulanter Beratungseinrichtungen (insbesondere Erziehungsberatung, Familienberatung, Part-
  ner-, Familien- und Lebensberatung, Schwangerschaftskonfliktberatung,
  Sexualberatung);
- der Kinder- und Jugendhilfe mit ihren wachsenden Aufgaben an Schnittstellen zur Kinder- und Jugendpsychiatrie wie auch zu Schulen (u. a.
  intensive Einzelfallhilfe, Familienhilfe, Erziehungsbeistandschaft, Kinder-
  und Jugendlichentherapie, Schulsozialarbeit, teil- und vollstationäre
  heilpädagogische Einrichtungen);
- Kern- und Vorfeldern der Psychiatrie, einschließlich Einrichtungen des
  Maßregelvollzuges sowie der ambulanten und stationären Suchtbehandlung und Gerontopsychiatrie;
- Fach-, Reha- und Akutkrankenhäusern mit jeweils unterschiedlicher Ausgestaltung der sozialen Dienste (z. B. hinsichtlich [Rehabilitations-]
  Beratung und Behandlung).

Der Katalog der Methoden und Konzepte (Kap. 6) ist ebenso vielgestaltig wie die Aufgabenstellungen, Arbeitsfelder und Einrichtungen (Kap. 3). Die *Arbeitssettings* sind dementsprechend diver-
sifiziert: Die *Dauer* von Interventionen ist kurz bis lang – sie reichen von wenigen Sitzungen bis hin zu jahrelanger Begleitung. Oft
wird langwährende Stützung und Hilfe benötigt, etwa in der meist
mehrjährig angelegten Sozialpädagogischen Familienhilfe (SPFH),
in sozialpsychiatrischen Einrichtungen und Betreuungsinstitutionen

mit chronisch psychisch Kranken. Ebenso variabel sind die *Orte* der klinisch-sozialen Tätigkeit. Die Interventionen können regelmäßig an bestimmten Orten stattfinden (z. B. in Beratungsstellen), aber auch unregelmäßig und an verschiedenen Orten (z. B. im Rahmen der Familienhilfe oder auch sozialtherapeutischer Maßnahmen mit psychisch Kranken). *Face-to-face*-Begegnung charakterisiert zwar die direkte Fallarbeit, sie ist jedoch als Klinische Soziarbeit mit Umfeld und weiteren Hilfen zu verschränken (Vernetzung, *Case Management*). Die verbreitete „Kommstruktur" wird durch aufsuchende Maßnahmen ergänzt oder gegebenenfalls ersetzt und vice versa. *Ambulante Settings* sind genauso zu finden wie *teilstationäre* und *stationäre*, nicht selten im gleichen Fall in wechselnder Folge.

5.2   Psychiatrisches Versorgungssystem

Eine klinisch-sozialarbeiterische Planungs-, Behandlungs- und Kooperationskompetenz scheint besonders dringlich mit Blick auf das weite und hoch spezialisierte Arbeitsfeld Psychiatrie. Klinisch mitwirkende Sozialarbeit ist hier längst etabliert und gesetzlich geregelt in der Psychiatrie-Personalverordnung, die nach langem Ringen der Sozialversicherungsträger erlassen wurde (Kap. 4). Dadurch wurde der Sozialarbeit ein verbindlicher Platz innerhalb der psychiatrischen Behandlung eingeräumt – als Folge der Psychiatriereform und auf der Basis professioneller sozialpsychiatrischer Konzepte. Das Tätigkeitsprofil erstellten jedoch Berufsfremde, sodass lediglich ein Kernpunkt Sozialer Arbeit, die Sozialberatung bzw. Sozialtherapie, gesichert ist. Durch die PsychPV erfuhr die Sozialarbeit zweifellos eine erkennbare Aufwertung und eine Tätigkeitsgarantie im Rahmen der Krankenhausbehandlung. So ist die soziotherapeutische mehrdimensionale Behandlung für Patienten und Suchtkranke aufgeführt und komplexe sozialtherapeutische Interventionen werden der Zuständigkeit von Sozialpädagogen zugeordnet.

Durch die Verbreitung von Tageskliniken und Institutsambulanzen wird die Sozialtherapie prinzipiell auch in den ambulanten und teilstationären Bereich hinein erweitert. Soziale Therapie spielt unverkennbar eine wichtige Rolle in einer Reihe von stationären und ambulanten Arbeitsfeldern und einschlägigen Versorgungseinrichtungen. Bosshard et al. (1999, 47 ff) geben eine Übersicht über die in der psychiatrischen Versorgungslandschaft bestehenden Hilfesysteme und Einrichtungen, die miteinander kooperieren bzw. miteinander vernetzt sind. Sie unterscheiden einen „äußeren Kreis" und einen „inneren Kreis" im Sinne der bereits erläuterten Vor- und Kernfelder psychiatrischer Hilfen (Kap. 3):

- *äußerer Kreis*: Allgemeiner Sozialer Dienst, Arbeitsamt, Beratungsstellen, unspezifische Hilfen, Wohnungsamt, Sozialamt
- *innerer Kreis*: Gemeindepsychiatrie (Sozialpsychiatrisches Zentrum, Kontakt- und Beratungsstellen, Tagesstätte, ambulante psychiatrische Pflege, Betreutes Wohnen, Wohnheime, Übergangsheime, Einrichtungen zur beruflichen Rehabilitation wie Berufstrainingszentren, Werkstätten, Selbsthilfegruppen); psychiatrische Kliniken, psychiatrische Stationen in allgemeinen Krankenhäusern, Tageskliniken und Institutsambulanzen; niedergelassene Nervenärzte bzw. Psychiater; praktische Ärzte und Internisten

Diese Aufzählung der Einrichtungen und Agenten des sozial-psychiatrischen Versorgungssystems spiegelt das tatsächliche Ausmaß an Unübersichtlichkeit der Versorgungslandschaft nur unzureichend wider, in der klinisch-sozialarbeiterische Hilfe geleistet wird. Die Notwendigkeit nichtmedizinischer Hilfen – wie Unterstützung im Alltag, Arbeit mit den Angehörigen und besondere Formen des beruflichen Trainings – wird in dem Maße deutlicher, in dem das Verständnis der Komplexität psychischer Störungen wuchs. Dies spiegelt sich auch in der Vielfalt und Unübersichtlichkeit der Kostenträger, die für diese Leistungen aufkommen, wie Rehabilitationsträger, Sozial- und Arbeitsämter.

Betrachtet man die Einrichtungen des komplementären sozialpsychiatrischen Versorgungssystems, so sind vielfältige klinischsozialarbeiterische Aufgabenstellungen neben solchen „grundständiger" Art zu finden. Bei anhaltend hoher Arbeitslosigkeit ist die Chance für chronisch psychisch kranke Menschen (mit unterschiedlichen Krankheitsbildern oder Persönlichkeitsstörungen in verschiedenen Behandlungssettings und Lebenslagen), einen Arbeitsplatz zu finden, extrem reduziert. Im Rahmen des ambulanten Versorgungssystems geht es etwa bei *einschlägigen Werkstätten* um die Erweiterung des Spektrums sozialpsychiatrischer Betreuungs- und Behandlungsmöglichkeiten durch das Medium Arbeit als Beschäftigungs- und Betreuungsansatz. Während medizinisch-therapeutische Aspekte in den Hintergrund treten, wird neben der direkten

Tab. 2: Gemeindepsychiatrie

Problemlagen und Hilfen in der Gemeindepsychiatrie nach Bosshard et al. (1999, 205)		
Problemlage	Institution	Hilfen und Methoden
Fehlende Alltags-kompetenz	Betreutes Wohnen Kontakt- und Bera-tungsstelle Sozialarbeiter in Arztpraxis Ambulante Pflege	Konkrete Hilfe Einzeltraining Training in Gruppe Netzwerkarbeit
Schwierigkeiten bei der Tages-strukturierung	Kontakt- und Bera-tungsstelle Tagesstätte Betreutes Wohnen	Angebot einer Tagesstruktur Anleitung
Arbeitsprobleme und Arbeitswünsche	Tagesstätte Werkstätte Integrationsfirma Reha-Beratung Berufstrainings-zentrum Berufsberatung	Training von Fertigkeiten Belastungstraining Umschulung Fortbildung Arbeitsberatung Beratung des Arbeitgebers Schaffung geschütz-ter Arbeitsplätze
Freizeitprobleme Leerlauf	Betreutes Wohnen Kontakt- und Beratungsstelle	Freizeitangebote Freizeitpädagogik Unterstützung bei der Gestaltung von Freizeit
Isolation	Kontakt- und Bera-tungsstelle	Angebot von sozialen Kontakten im Hilfesystem Unterstützung beim Umgang mit Einsamkeit Verweisung in normale Freizeit

Rückfall	Kontakt- und Beratungsstelle Betreutes Wohnen Werkstätte	Psychoedukation Verweisung zur psychiatrischen Krisenintervention Aktivierung des Netzwerkes
Akute psychotische, suizidale, manische oder depressive Krise	Alle Einrichtungen Sozialpsychiatrischer Dienste, Nervenarzt	Schützen Präsenz Verstehen und entlasten Netzwerk einbeziehen Verweisen

Fortsetzung von Tabelle 2

arbeitspädagogischen Anleitung auch die psychosoziale Betreuung im Sinne sozialtherapeutischer Begleitung wichtig – eine Aufgabe für klinisch kompetente Sozialarbeiter im Team. Dagegen bieten *Langzeiteinrichtungen* beispielsweise Beschäftigungstherapie, Ergotherapie, Tages- und Freizeitstrukturierung an.

Ein eigenes Thema ist der strukturelle Wandel des Versorgungssystems: Großeinrichtungen wurden aus guten Gründen weitgehend abgebaut; dagegen spricht allerdings, dass eine große Patientenzahl mehr krankheitsspezifische Angebote ermöglicht, etwa für depressive, alkoholabhängige oder alterserkrankte Menschen mit ihren unterschiedlichen Nöten, Bedürfnissen und Kompetenzen. Dafür wiederum benötigen ausdifferenzierte sozialtherapeutische Behandlungselemente Fachpersonal, das über eine vertiefte klinisch Qualifikation verfügt. Besondere klinisch-sozialarbeiterische Kompetenzen erfordern auch Institutionen, die *Krisendienste* leisten, beispielsweise anonyme Krisendienste für akute psychosoziale Krisen und psychiatrische Notfälle mit Rufbereitschaft. Hier werden nach einem ersten Krisengespräch gegebenenfalls krisenbegleitend Beratungsgespräche vereinbart bzw. Kontakt zu anderen Fachdiensten bzw. Einrichtungen vermittelt. Beim *Betreuten Wohnen* und intensiv Betreuten Wohnen für chronisch psychisch kranke Menschen oder Langzeitpatienten aus psychiatrischen Einrichtungen (Enthospitalisierung) wird die Verkürzung bzw. Vermeidung von langen stationären Aufenthalten angestrebt samt Krisenintervention und kontinuierlicher Begleitung durch (professionelle) Bezugspersonen. Selbstständiges Wohnen soll beispielsweise durch qualifizierte soziotherapeutische Hilfestellung unterstützt werden, die neben lebenspraktischem Bereich, Freizeitgestaltung und tagesstrukturierenden Maßnahmen sowie dem Umgang mit Institutionen und Behörden vor allem Beratung und Hilfe für ein möglichst zufriedenstellendes Leben mit der Erkrankung bietet.

5.3   Krankenhaus und integrierte Versorgung

5.3.1 Soziale Arbeit im Akutkrankenhaus

Die soziale Beratung und Betreuung der Versicherten ist als *Krankenhausaufgabe* im Sozialgesetzbuch (§ 112 SGB V) benannt. Soziale Betreuung bedeutet hier, die aus der Krankheit und ihrer Behandlung resultierenden Belastungen durch geeignete Hilfen abzubauen oder zu mildern und in geeigneten Fällen die Einleitung von medizinischen, beruflichen und sozialen Rehabilitationsmaßnahmen anzuregen. Die Tätigkeit umfasst grundsätzlich unterschiedliche Methoden wie Beratung, Vermittlung, therapeutische Gespräche und Management.

Generell gehören zur „allgemeinen" Krankenhaussozialarbeit lebenslagesichernde Vermittlungstätigkeiten, praktische Hilfen, Organisation und Administration. Diese Tätigkeiten werden jedoch auch von anderen Berufsgruppen ausgeführt. Das originär Sozialarbeiterische erschließt sich mehr aus dem konkreten Anlass zur Hilfe und der Art der notwendigen Leistungen. Anlässe sind beispielsweise Krankheit mit erheblichen Folgen für Mobilität, Sprache und eigenständige Versorgung (Unfälle, chronische Erkrankungen, Geriatrie, Rehabilitation und Pflege), Abhängigkeits- und psychische Erkrankungen, Suizidalität sowie die besonderen Bedürfnisse kranker Kinder. Als kompetent gilt der Kliniksozialdienst auch bei Arbeitslosigkeit, sozioökonomischen Problemen, schwierigen Wohnverhältnissen, Kontroversen mit Behörden und Versicherungen. Die beteiligten Fachdienste (Pflegepersonal, Ärzte) und die Patienten – oft auch ihre Angehörigen – hegen dabei bestimmte Erwartungen: Sozialarbeiter sollen konkret handeln, etwa Vermittlungsaufgaben wahrnehmen (Heim, Pflege, Rehabilitation, Rente), Hilfestellung geben (Finanzen, Wohnen, Arbeiten) und bei sozialen Implikationen der Krankheit selbst beraten und unterstützen (Beer 1997).

Ein diagnostischer und sozialtherapeutischer – und damit klini-

scher – Anspruch, der mit der Sozialarbeit im Krankenhaus verbunden ist, kann in der Regel nur teilweise eingelöst werden. Deshalb ist es nicht korrekt, wenn die *Kliniksozialarbeit* pauschal mit
Klinischer Sozialarbeit gleichgesetzt wird. Zwar bilden Informa-
tionsgespräche und Rehabilitationsberatung, Lebenshilfe und psychosoziale Lebensberatung einen umfassenden Aufgabenkatalog,
der klinische Tätigkeiten einschließt, ausführliche Sozialanamnesen,
die ein wichtiges Instrumentarium sozialdienstlicher Diagnostik
darstellen, können jedoch nur wenige Sozialdienste fachgerecht
erheben. Das gilt gleichermaßen für eine fundierte soziale Therapie. Organisationsgeschick und sozialrechtliche Kompetenz verlei-
hen den Kollegen des Sozialdienstes häufig hohes Ansehen beim
Klinikpersonal, das in erster Linie in den organisatorisch-verwalten-
den Tätigkeiten deren „eigentliche" Aufgaben sieht. Dies unterfordert
jedoch ihre psychosozialen Kompetenzen und entspricht nicht dem
Anspruch und den Möglichkeiten klinisch-sozialer Mitwirkung an
der Behandlung. Das Verhältnis der Sozialarbeit zur Dominanz ärztlicher und pflegerischer Berufsgruppen ist so prekär wie das Verhältnis der Sozialarbeit zur Psychologie, wenn deren Vertreter den
psychosozialen Aspekt von Krankheit besetzen und dahingehend
interpretieren, sie seien für das Psychische und die Sozialarbeit für
das Soziale (und damit ist häufig gemeint: das Sozialverwaltende)
zuständig. Aus diesen Gründen muss sich die Soziale Arbeit im Akutkrankenhaus neu legitimieren, ihr Kompetenzprofil schärfen und ihre
Wirksamkeit nachweisen, nicht zuletzt um den ökonomischen
Rationalitätskriterien standhalten zu können.

Insgesamt hat sich die Sozialarbeit im Krankenhaus längst von
einem *Nothelfer* zur *Regelleistung* entwickelt, dessen Potenzial zur
Mitbehandlung auch empirisch belegt ist (Hedtke-Becker et al. 2003)
und auf historisch gewachsene Strukturen zurückgreifen kann. Sie
muss sich hingegen unter dem Einfluss steigender Fallzahlen und
bedingt durch immer komplexer werdende Beratungs- und Leistungsangebote künftig von der Einzelfallberatung zum vernetzten Arbeiten mit ambulanten und teilstationären Fachdiensten im Sinne des
Case Management weiterentwickeln (Ansen et al. 2004).

5.3.2 Integrierte Versorgung

Die Behandlungsmöglichkeiten der Krankenhäuser sind durch das Gesetz zur Modernisierung des Gesundheitswesens (GMG) erheblich erweitert worden. Nun können im Rahmen der Integrationsversorgung vom Krankenhaus sektorenübergreifende oder interdisziplinär-fachübergreifende Leistungen angeboten werden. Ambulante hochspezialisierte Leistungen sowie ambulante Leistungen bei der Behandlung seltener Krankheiten und Erkrankungen mit besonderem Behandlungsverlauf sind möglich. Die Kliniken sind damit aber auch viel stärker dem Wettbewerb mit anderen Krankenhäusern, Vertragsärzten und Krankenkassen ausgesetzt. Überdies sind sie zu strukturellen Änderungen gezwungen, nicht zuletzt infolge der Auswirkungen des diagnosebezogenen Fallpauschalensystems (DRG). Im Zuge dieser Umbrüche gerät auch die Soziale Arbeit unter Druck, ihren Beitrag zur Versorgung präziser zu bestimmen.

Im Rahmen der künftigen Versorgungszentren sollte alles getan werden, die soziale Dimension der Behandlung im Sinne des Profils der Klinischen Sozialarbeit zur Geltung zu bringen und im Patienteninteresse zu realisieren. Eine wirklich *integrierte Versorgung*, die eine prozessorientierte Leistungserbringung in bestimmten Ablauforganisationen, bezogen auf stationäre Behandlungsfälle von der prä- bis zur post-stationären Patientenbehandlung, vorsieht, erfordert ein *klinisch-soziales Case Management* – sowohl im Sinne von Fallsteuerung wie von Systemsteuerung (Löcherbach et al. 2002).

Im Zusammenhang mit dem bereits erwähnten Wandel des Krankheitsspektrums dürfte das Konzept der Integrierten Versorgung dazu führen, die soziale Dimension der Erkrankung im Interesse einer effizienteren Behandlung aufzuwerten. Das bedeutet, die klassische *Kliniksozialarbeit* könnte – zumindest in wichtigen Teilen ihrer Tätigkeit – auch ein *klinisches Profil* entwickeln und durch entsprechend qualifizierte Beratung und Mitbehandlung schließlich zur *Klinischen Sozialarbeit* im Vollsinne werden. Die Fachkräfte müssten sich dazu an Netzwerken mit Kooperationspartnern orientieren, sich für eine fachkundig strukturierte prozessuale Gestaltung der psychosozialen Beratungen und Interventionen im Krankenhaus und in der Krankenbehandlung im Sinne des klinischen *Case Management* einsetzen und vor allem für eine entsprechende postgraduale Qualifizierung sorgen.

5.4   Rehabilitation und Geriatrie

Sozialarbeit in einer psychosomatischen Rehabilitationsklinik ist derzeit fast zur Selbstverständlichkeit geworden. Dazu trug die Entwicklung von der *allgemeinen* Kur zur *fachspezifischen* Rehabilitation bei. Für letztere ist der Bezug auf die realen sozialen Bedingungen – also Alltag und Lebenswelt – der Patienten konstitutiv. Zur Wiederherstellung der möglichst uneingeschränkten Teilhabe am sozialen Leben in Gesellschaft, Familie und Arbeit ist der durchgängige Bezug zur sozialen Realität notwendig. Die Rentenversicherungsträger, die nahezu ausschließlich Reha-Kliniken belegen, sind nach den gesetzlichen Bestimmungen als Kostenträger zuständig, wenn die Arbeits- und Leistungsfähigkeit bedroht ist. In jüngster Zeit gewinnen die Möglichkeiten der sich klinisch verstehenden Sozialarbeit in Reha-Einrichtungen an Bedeutung: Maßnahmen der medizinischen und beruflichen Rehabilitation wurden besser aufeinander abgestimmt und im Zuge dieser Entwicklung hat die soziale Rehabilitation besonderes Gewicht erhalten. Tatsächlich ist gegenwärtig ein Rehabilitationsteam ohne Sozialarbeit kaum noch denkbar. Das gilt für alle Einrichtungen der differenzierten Rehabilitationskette stationärer, teilstationärer und ambulanter Maßnahmen auf Grundlage des SGB IX. Ihr klinisches Selbstverständnis bezieht sich aber nicht nur auf die soziale Dimension, sondern ausdrücklich auf die Behandlungsbedürftigkeit der Menschen mit ihren vielfältigen sozialrehabilitativen Erfordernissen in medizinischen und psychologischen Zusammenhängen (Mühlum/Gödecker-Geenen 2003).

Einem Rehabilitationsbegriff, der Rehabilitation auf die berufliche Perspektive reduziert, steht das ganzheitliche Reha-Verständnis Klinischer Sozialarbeit gegenüber, das die Partizipation des Individuums am sozialen Leben in den Mittelpunkt stellt und damit die Bewältigung sozialer und psychosozialer Probleme anstrebt – nicht nur die (zweifellos wichtige) berufliche Wiedereingliederung (Pauls 2004). Es bedarf allerdings besonderer Anstrengungen, das Spezifische der Sozialen Arbeit in der Rehabilitation auch unter dem Druck ökonomischer Einschränkungen zu bewahren.

Die Aufgabe der *geriatrischen* Rehabilitation ist es, alten Menschen die Führung eines möglichst selbstständigen Lebens zu ermöglichen, wobei der Sozialdienst vor allem an der Schnittstelle zwischen „drinnen" und „draußen", d. h. zwischen stationärer, teilstationärer und ambulanter Hilfe arbeitet. Klinisch sozialarbeiterisch orientierte Sozialdienste der geriatrischen Rehabilitation wirken über die administrative Aufgaben hinaus selbst beratend und mitbehandelnd. Schon das – in der Regel kurz nach der Aufnahme durchzuführende – Erstgespräch erfordert klinische Kompetenz zu einer psychosozialen Diagnostik, die, ausgehend vom „ersten Eindruck", die soziale, medizinische und psychische Situation des Patienten einschließlich seiner Ressourcen und Fähigkeiten herausarbeitet. Um „das Soziale" konkret werden zu lassen, muss die Selbsteinschätzung hinsichtlich Krankheitssymptomen und Krankheitsbildern auf dem Hintergrund gerontologischen Wissens berücksichtigt werden. Wünsche und Möglichkeiten der Patienten müssen in personzentrierter Weise bearbeitet werden, um für die in der Regel sozial problematische Lebenssituation realisierbare Lösungen zu finden. Zu diesem Prozess der psychosozialen Diagnose gehört nach Möglichkeit auch die Einbeziehung der Angehörigen.

Die kompetente Intervention an der Schnittstelle der verschiedenen Hilfearten und Lebenskontexte sowie der stationären und ambulanten Hilfen beeinflusst die Zukunft der alten Menschen oft ganz erheblich. Sie setzt daher ein komplexes und spezifisches Bedingungs- und Änderungswissen sowie klinische Handlungskompetenz voraus. In der geriatrischen Rehabilitation ist eine besondere Sensibilität gefragt und die wache Bewusstheit, keiner Krankheit, keinem medizinischen Fall, sondern Menschen zu begegnen, die sich häufig vor völlig neue, oft verwirrende, ja verstörende Situationen gestellt sehen und mit ihrer Krankheit dauerhaft leben müssen. Dies ist auch für Klinische Sozialarbeiter eine besondere fachliche und menschliche Anforderung.

5.5   Öffentlicher Gesundheitsdienst und Jugendhilfe

Der *Öffentliche Gesundheitsdienst* (ÖGD) ist – neben der meist privat organisierten ambulanten Gesundheitsversorgung durch Arztpraxen und der stationären Gesundheitsversorgung durch Kliniken – die dritte Säule im Gesundheitswesen. Auch darin sind originär klinisch-soziale Aufgabenstellungen gegeben. Das Gleiche gilt für die *Kinder- und Jugendhilfe*, dem mit Abstand größten Beschäftigungsfeld der Sozialen Arbeit, das keineswegs nur sozialpädagogische und Familien unterstützende bzw. ergänzende Maßnahmen kennt, sondern auch klinisch-soziale Anforderungen – etwa bei schwerwiegender sozioemotionaler Vernachlässigung und Traumatisierung.

5.5.1 Öffentlicher Gesundheitsdienst

Aufgabe der Gesundheitsdienste ist es grundsätzlich, zur Verbesserung des Gesundheitszustandes der Bevölkerung beizutragen. Das hieß jahrzehntelang, ansteckende Krankheiten durch rechtzeitiges Erkennen und Isolierung zu bekämpfen, also gesundheitspolizeiliche und hygienische Aufgaben wahrzunehmen. Leiter der Gesundheitsämter sind Ärzte, die keine kurative Tätigkeit vornehmen dürfen, sie unterliegen dem Primat der Prävention. Soziale Veränderungen, wie etwa die zunehmende Lockerung bzw. Auflösung tradierter Familienformen, Armut, Individualisierung, Arbeitslosigkeit oder Migration, wirken direkt auf die Gesundheit der Bevölkerung ein oder bewirken indirekt eine Veränderung des Gesundheitsverhaltens, wie sich etwa in der Zunahme von Suchterkrankungen, psychiatrischen Störungen und chronischen Erkrankungen zeigt (Steen 2005).

Die berufliche Sozialarbeit ist in den Gesundheitsämtern verankert, ihre Stellung hat sich im Laufe der Jahrzehnte aber erheblich verändert: von der dem Arzt zuarbeitenden Gesundheitsfürsorgerin zur akademisch qualifizierten Expertin für psychosoziale Aufgaben, die neben dem Arzt eigenständig beratend und soziotherapeutisch tätig ist. Dies findet Ausdruck im Gesundheitsdienstgesetz, das die Teamarbeit zwischen Ärzten und Sozialarbeitern regelt (§ 18 GDG). Damit erfolgte die lange geforderte Anerkennung der eigenständigen sozialarbeiterischen Arbeitsweise, die erst durch den Hochschulabschluss möglich wurde.

Verankert im Gesetz ist auch der Beratungsanspruch der Bevölkerung hinsichtlich gesundheitlicher Lebensweise, schädlicher Folgen von Alkohol- und Nikotinabusus und des Missbrauchs anderer Suchtstoffe (§ 22 GDG). Hinzu kommt die interkulturelle Gesundheitsförderung und Gesundheitsarbeit in Schulen einschließlich Drogenprophylaxe, Sexualpädagogik und Gewaltprävention. Da eine moderne Gesundheitsarbeit im ÖGD grundsätzlich auf die Verbesserung der sozialen und ökosozialen Lebensbedingungen hinwirken soll, ist auch die Klinische Sozialarbeit beteiligt, zu deren Aufgaben die klinisch-sozial fundierte Gesundheitsfürsorge und -vorsorge, Beratung für Schwangere (Konfliktberatung) und Beziehungsprobleme, Säuglings- und Kindergesundheitsdienst, Beratung behinderter Menschen, Sozialpsychiatrischer Dienst, Geschlechtskranken- und AIDS-Beratung zählen. Das „doppelte Mandat" des ÖGD – Gesundheitshilfe und -kontrolle – setzt multiprofessionelle Teams voraus, in denen klinischsoziale Fachlichkeit ihren besonderen Beitrag leisten kann.

5.5.2 Klinische Aspekte der Kinder- und Jugendhilfe

Ein sozialpolitischer Bedarf an klinisch-sozialpädagogischen und sozialtherapeutischen Maßnahmen sowie Unterstützung und Hilfen für Familien bei Erziehungs- und Familienproblemen begründet sich zunächst im Interesse des Wohles der Kinder und Jugendlichen angesichts von Armut, Abhängigkeit oder Sucht sowie bei besonderen Beeinträchtigungen in kritischen Lebenssituationen (z. B. Verluste durch Scheidung oder Tod). Er ergibt sich zweitens hinsichtlich der psychosozialen Beratungs- und Behandlungseinrichtungen im Vorfeld der Psychiatrie und drittens in der Kinder- und Jugendhilfe an den Schnittstellen zur Psychiatrie und in der Kinder- und Jugendpsychiatrie selbst. Aufgabenstellungen der Klinischen Sozialarbeit sind im Kontext der Kinder- und Jugendhilfe im Bereich psychosozialer Prävention, sozialpädagogischer Intervention einschließlich Krisenintervention und Maßnahmen der intensiven sozialpädagogischen Einzelbetreuung und Gruppenbetreuung, der Beratung und der sozialpädagogischen Kinder-, Jugendlichen- und Familientherapie zu finden.

Die Notwendigkeit der Anwendung klinischer Methodik durch Fachkräfte der Sozialen Arbeit wird unterstrichen durch die steigende Zahl psychosozial schwerst belasteter und gestörter Jugendlicher und Familien. Zuständige Einrichtungen für solche klinischsozialen Hilfeformen sind Erziehungsberatungsstellen, ambulante Betreuungseinrichtungen so genannter freier Träger der Jugendhilfe (z. B. intensive sozialpädagogische Einzelfallbetreuung), Sozialpädagogische Familienhilfe mit einem Fachangebot aufsuchender Maßnahmen, Tageseinrichtungen (Einzelhilfen mit therapeutischen und heilpädagogischen Maßnahmen), Frühfördereinreinrichtungen (integrative Tageseinrichtungen, aber auch Angebote für und in Familien), sozialpädagogisch betreute Wohnformen für Jugendliche (mit in der Regel verhaltensauffälliger, nicht selten psychiatrischer Klientel, die klinisch geschultes Personal dringend benötigt) und unterschiedliche Heimformen. Auch in den Jugendämtern besteht ein erhöhter Bedarf an klinisch-sozialer Kompetenz: Wie sollte sonst die Indikationsstellung und Auswahl geeigneter Maßnahmen erfolgen, die nach dem KJHG/SGB 8 ausdrücklich auch klinische Interventionen (Beratung, therapeutische Hilfen etc.) umfassen? Klinische Sozialarbeit ergänzt und komplettiert die Kinder-, Jugend- und Familienhilfe durch die Einflechtung sozialtherapeutischer Methoden. Leistungsangebote der herkömmlichen Sozialarbeit werden um diagnostische, beratende und therapeutische Handlungskonzepte aus der *eigenen Profession* erweitert. Das bedeutet in erster Linie, dass die Interaktionen, die Kommunikation und die darin (bewusst oder unbewusst) implizierte Wechselwirkung der beteiligten Personen reflektiert und verändert werden. Von großer Bedeutung ist die Einbeziehung wichtiger Bezugspersonen des Kindes oder Jugendlichen in Gespräche und Behandlung. Der erweiterte Blickwinkel wird durch Beteiligung anderer Fachleute und Professionen, sowie Mitbetroffener und Einrichtungen ergänzt, mit denen der Klient bzw. das Klientensystem in Beziehung steht.

Viele Einrichtungen der Kinder- und Jugendhilfe werden mit steigender Tendenz in Anspruch genommen und können den Bedarf an klinisch fundierter psychosozialer Beratung, Therapie und Hilfestellung nicht in vollem Umfang abdecken. Prognostisch ist ein weiter wachsender Bedarf an längerfristigen intensiven Hilfen zu erwarten, nicht zuletzt aufgrund erhöhter Problembelastung und qualitativer Veränderungen in Problemstrukturen der Familien, die sich schon lange abzeichnen (Bundesministerium für Familie und Senioren 1993, 47). Sollte eine weitergehende und längerfristige Betreuung erforderlich sein, ist das Angebot im Sinne Klinischer Sozialarbeit flexibel auf das jeweilige Problem abzustimmen. Dazu müssen die Institutionen zunächst selbst flexibler werden. Je nach Indikation wird im Behandlungs- bzw. Interventionsverlauf benötigt:

- eine Stufung von Betreuungstätigkeiten, z. B. Organisation des Alltags, Eröffnen von finanzieller Unterstützung oder Zusammenarbeit mit Institutionen;

- eine Stufung der Beratung im Sinne beratender Begleitung der Kinder bzw. Jugendlichen und der Erziehungsberechtigten, auch *in* der Familie;
- eine Stufung erziehungstherapeutischer Maßnahmen, z. B. zur Aufarbeitung von Defiziten und Traumata sowie Stärkung der Gesamtpersönlichkeit.

Sinnvoll ist es, wenn im Rahmen derselben Institution eine schrittweise Intensivierung bzw. Reduzierung der jeweiligen Maßnahme stattfindet, sodass selbstständiges und unabhängiges Handeln gelernt werden kann – unter Einschluss stabilisierender Nachbetreuung, sozusagen „aus einer Hand" ohne die leider im Verlauf längerfristiger sozialer bzw. psychosozialer und erzieherischer Maßnahmen so charakteristischen Beziehungsabbrüche. Auch in dieser Hinsicht ist eine klinische Qualifikation der verantwortlichen Sozialarbeiter zu fordern.

6 Strategien und Handlungskompetenzen

Im Gesundheitswesen gilt nach wie vor die Feststellung von Kleve und Ortmann (2000), dass die soziale Systemebene in der Behandlung und Versorgung von Patienten bisher weder systematisch in den Blick genommen, noch systematisch bearbeitet wird. Auch die WHO (2001) stellt ein *treatment gap* in Bezug auf die soziale Gesundheitsdimension fest. Aus diesen Gründen ist eine Profilbildung für *psychosoziale Behandlung* indiziert, die von klinischen Handlungskompetenzen (Kap. 6.1) ausgeht und zu klinisch-sozialer Fallarbeit (Kap. 6.2) befähigt. Die Klinische Sozialarbeit übernimmt somit als komplementäre Profession im Gesundheitswesen Aufgaben mit eigenständiger Diagnostik und Methodik. Ihr Handlungsansatz sollte methodische Grundformen integrieren und sich unter Berücksichtigung der wichtigsten Wirkfaktoren (Kap. 6.3) bewähren. Da es um hilfebedürftige Menschen im Alltag geht, deren Fähigkeit zur Selbsthilfe durch Erkrankung, Störung oder Behinderung gravierend eingeschränkt ist, wird sie zur *mitbehandelnden* Profession. Sie übernimmt Verantwortung und trägt Sorge *für* Menschen, die dazu selbst vorübergehend oder dauerhaft nicht hinreichend in der Lage sind, und setzt auf unterschiedliche Strategien und Verfahren – von Sozialtherapie und Krisenintervention bis zu Psychoedukation (Kap. 6.4).

6.1 Klinische Handlungskompetenzen

Berufspraktiker konstatieren häufig eine Diskrepanz zwischen Praxisanforderungen und Fähigkeiten der Hochschulabsolventen. Das Kompetenzprofil ist jedoch auch deshalb zu einem zentralen Thema geworden (Wendt 2001; Crefeld 2002), weil die Bedeutung von *Qualifikationslevels* lange Zeit übersehen wurde. In anderen Professionen ist mit einem Diplomabschluss noch keine spezialisierte und vertiefte Qualifikation verbunden. So gibt es die spezifischen

Fachqualifikationen der Fachärzte, Fachpflegekräfte oder Klinischen Psychologen. In diesem Sinne ist auch die klinische Qualifikation für Sozialarbeiter zu verstehen.

Die Sektion Klinische Sozialarbeit der DGS skizziert in einem *Positionspapier* die klinisch-sozialen Kompetenzen, trägt der Levelbestimmung Rechnung und bestimmt die klinisch-sozialarbeiterische Expertise – differenziert nach drei fundamentalen Qualifikationsniveaus bzw. *Levels*; darin heißt es:

„Klinische Sozialarbeit bedeutet die Expertenschaft für soziale bzw. psychosoziale Beratung, Behandlung und Intervention (*treatment*). Grundsätzlich gehören dazu klinisch-sozialarbeiterisches Bedingungs- und Interventionswissen und Handlungskompetenz auf der Basis methodisch geschulter Fähigkeiten und Fertigkeiten, außerdem Forschungskompetenz und eine ethisch fundierte professionelle Identität . . . Klinische Sozialarbeit bedeutet also keine medizinische Engführung und auch keine Therapeutisierung, sondern betont die Alltags- und Lebensweltorientierung im Sinne der (psycho-)sozialen Beratung und Behandlung" (Pauls/Mühlum 2004, 22 ff).

Auf dieser Grundlage lassen sich die klinischen *Handlungskompetenzen* beispielsweise konkretisieren als Fähigkeit

- zum Aufbau einer personalen Arbeitsbeziehung,
- zur Schaffung angemessener Rahmenbedingungen,
- zur psychosozialen Indikations- und Prognosestellung,
- zur Anwendung geeigneter Beratungs- und Therapieverfahren,
- zur Einbeziehung des sozialen Umfeldes und
- zur prozessbegleitenden Evaluation und Qualitätssicherung.

Insgesamt handelt es sich hierbei folglich um Fähigkeiten zur Beratung, Unterstützung und Behandlung von Menschen in krisenhaften Situationen im Sinne einer geplanten, zielgerichteten, theoriegeleiteten und methodenbewussten psychosozialen Arbeit.

Die professionelle *Haltung* muss „klinisch" sein, indem der „sozialpädagogische Blick" geschärft und eine diagnostisch-therapeutische *Awareness* zum Habitus wird, ohne die Person zum Objekt zu machen. Dazu gehört die Wertschätzung jedes Patienten und die Überzeugung, dass die Förderung von dessen Gesundheit und Entscheidungsfähigkeit *das* Orientierungsmaß für den „Kliniker" ist. Voraussetzung dafür sind Selbstreflexion und Selbsterfahrung mit Blick auf die eigene Lebensgeschichte, eigene Erfahrungen mit Gesundheit und Krankheit und Bewältigungsversuchen bei Beeinträchtigung, Leid, Kränkung und Verlusten bis hin zum Umgang mit Sterben, Tod und Trauer. Fähigkeiten also, die eigene Person als Bestandteil des therapeutischen Prozesses einzubringen, zu verstehen und zu reflektieren (Pauls/Mühlum 2004).

6.2 Klinisch-soziale Fallarbeit

6.2.1 Bio-psycho-soziale Grundorientierung

Bezugsrahmen der methodischen Fallarbeit ist das Konzept *Person-in-der-Situation* (*person-in-environment*, *person-in-situation*), das auf einem bio-psycho-sozialen Verständnis von Gesundheit beruht und die naturwissenschaftlich-medizinische und psychologisch-psychotherapeutische Sichtweise ergänzt. Es zieht psychosoziale Faktoren und Methoden ebenso zur Erklärung und Behandlung heran wie somatische und psychische, da psychosoziale Faktoren sowohl pathogenetisch als auch pathoplastisch wirken (Strotzka 1965). Psychosoziale Erfahrungen initiieren molekulare Prozesse, die die Entwicklung und Aufrechterhaltung des neurophysiologischen und immunologischen Gleichgewichtes beeinflussen. Soziale Bindungsbeziehungen sind ein notwendiger Regulator der Physiologie und der neurostrukturellen Entwicklung (Pauls 2004).

Saari (1997) bezieht sich als *Clinical Social Worker* auf Belege der Hirnforschung, wonach die neurale Struktur des Gehirns in ihrer Entwicklung abhängig ist von Bindungs- und Beziehungserfahrungen, d. h. soziale bzw. psychosoziale Behandlung wird im Rahmen einer komplexen professionellen Sorgebeziehung wirksam, die sich biologisch, psychologisch und sozial auswirkt. Biologische Funktionen und Strukturen sind wie gesellschaftliche Institutionen gewachsen und entwickeln sich in Interaktion mit ihnen.

In diesem Verständnis lässt sich nicht nur von individuellen bio-psycho-sozialen, psycho- und soziosomatischen Prozessen sprechen, sondern auch von generativen, die sich über Generationen hinziehen und in Interaktion mit den sozialen und ökologischen Lebensbedingungen verändern (Elias 1976). Damit ist ein fundamentaler Gesundheitsbezug gegeben: Soziale Bindungsbeziehungen und soziale Integration formen biologische und psychologische Funktionen und Strukturen der Subjekte mit, d. h. soziale Behandlung greift in *soziosomatisches* Geschehen (Kleve/Ortmann 2000) regulierend ein.

6.2.2 *Assessment* – Diagnose – Therapie

Diagnostik ist ein oft vernachlässigtes Instrument beruflicher Sozialarbeit, das derzeit erneut Aufmerksamkeit erregt (Heiner 2004). Der Begriff ist international im klinisch-sozialen Kontext längst üblich (Priller 1996; Brandell 1997; Frank 1961/1992; Mishne 1997; Meyer 1995; Turner 1979/1996; Richmond 1917), doch nicht unumstritten (Kling-Kirchner 2002; Harnach-Beck 1997). Je weniger die Sozialarbeit eine eigene klinische Diagnostik praktiziert, umso mehr verstellt der Rückgriff auf meist psychiatrische Diagnosen den Blick für soziale Zusammenhänge und verhindert, psychische Devianz als soziales Problem zu erkennen. „Diese Blickverlagerung kann zugleich den Verzicht auf sozialarbeiterische Hilfe bedeuten" (Kling-Kirchner 2002, 325) und führt – in der Jugendhilfe nicht selten – zu einer unangemessenen Psychiatrisierung der Betroffenen. Eine klinisch-soziale Diagnostik untersucht zu Beginn, im Verlauf und am Ende von Maßnahmen „was der Fall ist". Dazu ist eine Sichtweise erforderlich, die sich für Schnittstellenaufgaben zwischen psychischen, sozialen, medizinischen und alltagssituativen Dimensionen eignet. Qualitätskriterium ist ihre multidimensionale und prozessuale Anlage, die helfen soll, ein Arbeitsmodell im Einzelfall zu entwickeln, das nach Laireiter (2003, 27) folgende Funktionen erfüllt:

- *Begründung*: Maßnahmen psychosozialer Beratung und Behandlung müssen gegenüber Klienten und Kostenträgern nach Art, Umfang und Notwendigkeit begründet werden;
- *Dokumentation*: das Vorgehen und seine Effekte müssen nachprüfbar dokumentiert werden;
- *Kontrolle*: Maßnahmen müssen nachvollziehbar sein für Fachkollegen (Evaluation), Betroffene und Kostenträger;
- *Beteiligung* (*informed consent*): Erklärung und Begründung psychosozialer Hilfe soll im Dialog erfolgen, damit Klienten Einsicht in Problemzusammenhänge erhalten, die mit ihrer Lebenslage sowie ihrem Erleben und Verhalten verknüpft sind.

In einer klinisch orientierten psychosozialen Diagnostik geht es prinzipiell um die multidimensionale Erfassung von problem- bzw. störungsrelevanten Merkmalen von Belastungen *und* Ressourcen der in konkreten Kontexten lebenden und handelnden Personen. Dazu zählen gleichermaßen psychische wie soziale und materielle

Bedingungen: Defizite, Verluste, Störungen, Konflikte und Traumatisierungen, psychosoziale und materielle Ressourcen, förderliche
Umweltbedingungen und psychische Kompetenzen, die mildernd,
korrigierend und kompensierend wirken. Erleben, Verhalten, Situation und Ereignis, Beziehung und systemischer Kontext werden als
Anteile der Person-Umwelt-Transaktionen herausgearbeitet. Klinisch-sozialarbeiterische Diagnostik ist eine *Mehrebenendiagnostik*,
die grundsätzlich interventionsorientiert ist. Sie liefert Grundlagen
für die Veränderungsarbeit einschließlich der Indikationsstellung
(*was* bei gegebener Problematik und Situation *wann* und *wie* von
wem zu *tun* ist). Zugleich soll sie die Erfolgskontrolle der Maßnahmen sichern. Dazu sind unterschiedliche Informationsquellen zu
nutzen.

Voraussetzung der Hilfeplanung ist die Entwicklung von realis-
tischen Veränderungs- bzw. Entwicklungszielen und einer darauf
bezogenen Interventionsstrategie, möglichst gemeinsam mit den
Klienten. Hierbei sollte schon die klinisch-soziale Abklärung die
isolierende Betrachtung von psychischen Störungen bzw. „seelischen Behinderungen" einerseits, Erziehungsdefiziten und sozialen Notlagen andererseits überwinden. Isolierte therapeutische
Leistungen sind in der Regel wenig geeignet, komplexe Problemlagen zu verbessern. Ein wichtiger Teil dieser Arbeit wird bereits
bei der Formulierung eines Behandlungskontraktes geleistet unter
Beachtung des Zeitdrucks (z. B. bei akuten Krisen) sowie der individuellen Ressourcen: Welche Zielsetzungen sind auf welchen Ebenen anzustreben? Wozu ist der Klient-in-seiner-Situation bereit und
in der Lage? Welche Interventionsformen sollen bzw. können in
welchem *Setting* durchgeführt werden? Welche Aussichten bestehen für die Erreichung welcher Ziele? Die Zielformulierung und
kooperative Kontrakterarbeitung ist wegen der Mitwirkung der
Klienten eine Schlüsselstelle. Dafür eignet sich besonders die *Zielerreichungsanalyse* (*Goal Attainment Scaling*; Pauls/Reicherts 1998).

Der *Kontrakt* folgt aus diagnostischen Abklärungen und beinhaltet möglichst klar identifizierte Problembereiche, spezifische
Ziele für die gemeinsame Arbeit, ein Konzept für die Arbeitsschritte
bzw. einen Veränderungsplan sowie eine Vereinbarung mit dem
Klienten über die Art der Zielerreichungskontrolle. Zentrales Prin-
zip ist die maximal mögliche Einbeziehung des Klienten: Wie erlebt der Klient sein(e) Problem(e)? Was will er verändern? Welche
Art von Hilfe sucht er? Aber auch: Welche Art von Hilfe *benötigt*

er – gegebenenfalls unabhängig davon, ob dies in seiner Selbstwahrnehmung präsent ist (Cournoyer 1996, 247 ff). Hervorzuheben ist dabei die Auseinandersetzung mit der Umwelt (Diagnostik der die Person beeinflussenden Umweltfaktoren); dazu zählen vor allem:

- *Situationsdiagnostik* (z. B. akute oder chronische kritische Ereignisse und Belastungen, Verluste, Bedrohungen oder Ungewissheit und Ambiguität);
- *Abklärung des Kontextes* (z. B. Familiensystem, soziale Unterstützung, Defizite, Ressourcen, materielle Situation oder rechtliche Bedingungen und Möglichkeiten);
- *Einschätzung der Beziehung* zu den Helfern bzw. zum Helfersystem (z. B. Freiwilligkeit, Kontaktfähigkeit, Hilfewunsch, Übertragung)

Auch psychopathologisch relevante Merkmale des Klienten bzw. der Bezugspersonen sind in die diagnostischen Fragestellungen einzubeziehen (auch wenn zur spezifischen Abklärung an die fachärztliche oder psychologische Diagnostik zu verweisen ist). Aus diesen Gründen sind fundierte Kenntnisse in der *Deskription und Klassifikation* wichtig. Klinisch orientierte Sozialarbeit ist mit Störungs- und Krankheitsklassifikationen konfrontiert, die in sozialrechtlicher wie in fachlicher Hinsicht von Bedeutung sind: Welche besonderen Maßnahmen, Rahmenbedingungen und Interventionsstrategien sind bei einer klassifizierten Störung bzw. Erkrankung zu schaffen bzw. zu berücksichtigen? Dazu legten Ansen et al. (2004, 92 ff) kürzlich einen bemerkenswerten Ansatz zur kategorialen Beschreibung von *Fallmerkmalen* und eine diesen Fallmerkmalen zuweisbare Produkt- und Leistungsbeschreibung vor.

Auf Klassifikationssysteme wie die *International Classification of Diseases* (ICD-10), die *International Classification of Functioning, Disability and Health (ICF)* und das *Person-in-Environment*-System (PIE) (Karls/Wandrei 1994) sei nur hingewiesen. Sie sind besonders im Hinblick auf die multiprofessionelle Kooperation wichtig. Klinische Sozialarbeit stellt Befunde jedoch konsequent in einen sozialen Zusammenhang mit dem Ziel der psychosozialen bzw. erzieherisch-therapeutischen Intervention, beispielsweise in der Kinder- und Jugendhilfe (Fegert/Schrapper 2004).

6.3   Handlungsansatz und methodische Grundformen

6.3.1 Integrierter Handlungsansatz

Klinische Sozialarbeit ist keine Ansammlung von Techniken zur Veränderung des Verhaltens von Individuen, sondern ein integrierter professioneller Ansatz zur Verbesserung der Passung zwischen Klient bzw. Klientensystem und Umwelt. Sie trägt mit ihrer Offenheit für den psychotherapeutischen Blickwinkel und ihrer Methodenintegration hingegen auch der Tatsache Rechnung, dass jedes Individuum fortwährend vor der Aufgabe steht, auf dem Hintergrund seiner körperlichen Gesundheit, psychischen Struktur, aktuellen psychosozialen Situation *und* ökonomischen Lage Veränderungen zu bewältigen. Sie kann daher nicht auf psychotherapeutische Grundlagen der Beziehungsarbeit und des Umgangs mit dem Selbstbezug von Klient und Helfer verzichten. Diese Methodenkompetenz wird benötigt in der Gesprächsführung und bei Hilfen zur Erlebnisverarbeitung und Verhaltensänderung in Beratung, Sozialer Therapie und Krisenintervention. Hier ist ein *funktionaler* (Psychotherapie als Behandlung eines Kranken) und ein *methodischer* Aspekt (wissenschaftlich begründete und systematisierte Formen der Interaktion) zu unterscheiden, der sich „nicht für irgendeine Berufsgruppe monopolisieren" lässt (Hey 2000, 168).

Methodisch basieren klinisch-soziale Handlungskonzepte auf Beziehungsarbeit, Techniken der Gesprächsführung, Instruktionskompetenz und aktivierenden Hilfen. Im Rahmen einer personorientierten, professionellen Beziehung werden mit kommunikativen Mitteln Hilfen zur Problembewältigung gegeben. Besonderes Merkmal eines psychosozialen Behandlungsansatzes ist die Entwicklung fallspezifischer „Umweltunterstützung" (Winnicott 1984). Planung, Abstimmung und Durchführung von Hilfe- und Bewältigungsmaßnahmen ist *multiperspektivisch*, wobei die klinisch-soziale Fallarbeit oft die „eigentliche" Therapie ist. Klassische psychotherapeutische Handlungskonzepte und psychologische Beratung allein werden diffizilen Problemlagen nicht gerecht (Kap. 3), da viele Adressaten unter teils schwerwiegenden Beeinträchtigungen leiden (z. B. Notlagen und soziale Isolation) und meist nur eingeschränkt Zugang zu adäquaten Hilfen haben. Klinische Sozialarbeit entwickelt ihre Interventionen in Hinblick auf den *Zusammenhang* von

- sozialstrukturellen Gegebenheiten (Chancen, Ressourcen und Defizite des sozialen Netzwerkes, soziale Chancenstrukturen; z. B. Verfügbarkeit sozialer Netzwerke, sozialer Rollen oder Zuerkennung von Gratifikationen);
- bio-psycho-sozialen und ökosozialen Aspekten (somatischen und psychischen Störungen, Krankheiten und Behinderungen, Ernährungs-, Arbeits- und Wohnbedingungen);
- interpersonalen bzw. systemischen Zugehörigkeiten (soziale Unterstützung, Bindung);
- sozioemotionalen Faktoren (Erleben von Zugehörigkeit, Motivation, Handlungsregulation, Verhaltensgewohnheiten);
- Mustern der Selbstregulation (Selbstbild, Selbstwert, Kongruenz bzw. Inkongruenz zwischen Selbstkonzept und Erfahrung)

6.3.2 Wirkfaktoren methodischen Handelns

Psychosoziale Behandlung und Hilfestellung ist unter dem Sorge-aspekt eine Art Wiedergutmachung für das Versagen der oben erwähnten *Umweltversorgung*. Ihre Behandlungsformen dienen der Kompensation von Defiziten sowie der Förderung und dem Wieder- bzw. Neuaufbau von psychosozialen Kompetenzen und sozialen Netzwerken unter Nutzung von Stärken und Ressourcen des Subjektes und seines sozialen Umfeldes. Eine respektvolle Haltung gegenüber Klienten geht einher mit einem psychosozialen Problem-, Störungs-, Krankheitsverständnis. Der Einsatz von Beratungs- und Interventionsmethoden erfolgt auf der Basis informierter Zustimmung. Die Flexibilität des Methodeneinsatzes in verschiedenen *Settings* erfordert Selbstevaluation und ethisch fundierte Qualitätssicherung unter Beachtung von Effektivität und Effizienz. Die Methoden beinhalten das Bemühen, den ganzen Menschen *und* seinen sozialen Kontext zu berücksichtigen. Die folgenden von Frank bereits 1961 gefundenen „unspezifischen" Wirkfaktoren unterschiedlicher Formen der Hilfe, sind auch für die Klinische Sozialarbeit von Bedeutung:

- *Vertrauen*: eine intensive emotionale, vertrauensvolle Beziehung zu einer hilfreichen Person
- *Orientierung*: Vermittlung eines Glaubenssystems oder Grundprinzips, das eine Erklärung für das Leiden des Betroffenen liefert und die Kompetenz des Helfers reflektiert

- *Problemlösung*: Informationen über die Natur und den Ursprung der Probleme des Klienten bzw. Patienten und daraus ableitbare Modelle für alternative Problemlösungen
- *Sinnstiftung*: Überwindung demoralisierender Entfremdung durch die Vermittlung von Hoffnung und Stärkung der Moral
- *aktive Beteiligung*: Vermittlung von Erfolgserlebnissen, die das Bewusstsein der Lebenstüchtigkeit fördern und Vertrauen und Hoffnung auf Lösung der Probleme geben

Bei der methodischen Umsetzung kommen folgende Grundmuster des Vorgehens – häufig in Mischformen – zum Tragen:

- *Kontrakt schließen*: Erarbeitung eines Arbeitskontraktes mit Übereinkunft über Ziele und Zweck der Maßnahmen
- *Informieren*: Vermittlung von Wissen und Aufklärung (z. B. über bestimmte Krankheitsbilder); Handlungsanweisungen und Ratschläge (z. B. „Hausaufgaben" innerhalb der Beratung, Kontaktaufnahme zu Personen oder Überweisung an andere Stellen)
- *Beraten*: vertiefte Selbstexploration und Klärung von Motiven und Konflikten; Umbewertung; eigenständige Entscheidungsfindung; Belastungsbewältigung; konkrete Hilfen zur Krisen-, Krankheits- oder Belastungsbewältigung
- *Begleiten*: Hilfe und Orientierung im Alltag; Unterstützung zur Bewältigung von Krisen und Belastungen; Schaffung neuer Lebensumstände unter Einschluss des sozialen Umfeldes
- *Therapieren und Krisenhilfe*: spezifische Interventionstechniken (z. B. Ansprechen emotionaler Erlebnisinhalte, Konkretisierung, Konfrontation, Angstabbau, kognitive Umstrukturierung oder Dialogarbeit); Anleitung und Durchführung von aktionsbezogenen Beratungstechniken (z. B. Rollenspiel oder Verhaltensübungen); Anwendung systemischer Methoden (z. B. familientherapeutische Techniken); Anleitung und *Feedback* zu therapeutischen Hausaufgaben (Wendland 2002); Umgang mit schwierigen Situationen (z. B. akute Krisen, Widerstand, Aggressionen) und schwerwiegenden Symptomen (z. B. Auffälligkeiten, Suchtverhalten oder Erlebens- und Verhaltensstörungen); Leitung von Sitzungen mit mehreren Ratsuchenden wie Paaren, Familien, Gruppen (z. B. Bedeutung von Regeln, Arbeit mit Subsystemen oder Unparteilichkeit)

6.4   Ausgewählte Strategien und Verfahren

Die klinisch-sozialen Kompetenzen werden in unterschiedlichen Strategien und Verfahren umgesetzt. Verfechter eklektisch-pragmatischer Arbeitsformen betonen dabei die Notwendigkeit der Flexibilität (Maguire 2002, 36 f; Dorfman 1996; Brandell 1997). Daraus folgt, dass klinisch-soziale Praxis über ein breites Spektrum psychosozialer, sozial- und psychotherapeutischer sowie psychoedukativer und unterstützender Methoden verfügen sollte, die nachfolgend skizziert werden.

6.4.1 Psychosoziale Beratung

Die psychosoziale Beratung ist eine Kernkompetenz der Klinischen Sozialarbeit. Zum einen geht es um die Mitwirkung bei „anderen Maßnahmen" mit dem Ziel der Involvierung und Unterstützung der Betroffenen und ihrer Angehörigen, beispielsweise im Rahmen der Behandlung chronisch kranker *Patienten* und ihrer Angehörigen zur Verbesserung der *Compliance*; hier leistet klinisch-soziale Beratung sekundäre Hilfestellung. Zum anderen ist sie ein *primärer* Interventionsansatz, der auf Problem- und Konfliktlösung, Belastungsbewältigung und Persönlichkeitsentwicklung sowie Lebensorientierung (z. B. mittels Biografiearbeit) zielt. Im Unterschied zur Psychotherapie handelt es sich um *Ratsuchende* und *Klienten*, die kompetente Orientierungs- und Bewältigungshilfen suchen, ohne Patient zu sein. Beratung ist hier eine reflektierte Form von Beziehungsarbeit, die kontextspezifisch sowie personen- und prozessorientiert gestaltet wird.

Beratung in der Klinischen Sozialarbeit geht jedoch darüber hinaus, um dem *Ratsuchenden-in-seiner-Situation* gerecht zu werden. Hier hat sie Orientierungs- und soziale Haltefunktion, häufig mit sozial- und psychotherapeutischen Anteilen und zielt auf Klärung von Konflikten und Ressourcenaktivierung sowie auf problemlösungs- und teilnehmend-begleitende Handlungshilfe. Ansen et al. (2004, 66) zeigen dies am Beispiel eines krebskranken Patienten im Krankenhaus, der sich Sorgen um seine finanzielle und berufliche Situation macht. Ihn überzeugt nicht nur Empathie, er benötigt darüber hinaus Informationen über die soziale Sicherung und seine beruflichen Möglichkeiten. Hier geht es gleichzeitig um das subjektive Krankheitserleben, das auch für den Behandlungs- und Beratungsverlauf bedeutsam ist (ebd., 66): „Gelingt es, die persönlichen und sozialen Folgen einer Erkrankung zu bewältigen, trägt dies zu einer Verbesserung des Allgemeinzustands und einem stabileren Immunsystem bei." Der klinisch-soziale Beratungsansatz grenzt sich von zwei Aufgabenstellungen ab: von sozialer Beratung ohne spezifische klinische Aufgabenstellungen sowie von rein psychologischer Beratung und psychologischer Psychotherapie. Beratungsaufgaben folgen dabei immer aus Problemen der *Passung* von individuellen Belastungen, Entwicklungs- und Anforderungsdimensionen einerseits und sozialen und psychischen Potenzialen und Ressourcen andererseits.

6.4.2 Sozialtherapie und psychotherapeutische Hilfen

Die Soziale Therapie bzw. Soziotherapie ist begrifflich merkwürdig unscharf (Kap. 4.3). Sie ist kein Bestandteil der Psychotherapie, sondern nach internationalen Maßstäben ein Teilgebiet der Klinischen Sozialarbeit und wird – sozial akzentuiert – in situations- und bewältigungsorientierter psychosozialer Beratung verwirklicht. Ihre Domäne ist vor allem die (Sozial-)Psychiatrie und Forensik. Milne (1999, 3) grenzt ein allgemeines Verständnis der *social therapy* von einem speziellen ab, das im *Social-Support*-Ansatz Konturen gewinnt: interpersonelle Interventionen professioneller Fachkräfte mit dem Ziel, soziale Unterstützer zu fördern *und* die Kapazität der Gemeinschaft zur Fürsorge zu verbessern. Soziale Therapie basiert folglich auf einer helfenden Beziehung, verwendet psychosoziale Methoden und wird von spezialisierten Fachkräften ausgeführt, deren Kompetenz die eines grundständigen Studiums überschreitet.

Sie spielt eine wichtige Rolle in stationären und ambulanten Arbeitsfeldern (Kap. 5). Menschen mit psychiatrischen Störungen, chronischen Erkrankungen und schweren psycho-sozialen Defiziten mangelt es erfahrungsgemäß an Basiskompetenzen und sozialer Einbindung. Sie sind durch mangelnde soziale Unterstützung verletzlich und benötigen für konstruktive Auseinandersetzungen Hilfe und Übung. So können soziale und kommunikative Kompetenzen trainiert, zwischenmenschliche Beziehungen gepflegt und die soziale Integration verbessert werden. Für die Einübung konstruktiven psychosozialen Verhaltens sind drei Ebenen bedeutsam:

- Aufbau bzw. Erwerb von Fertigkeiten (bei grundlegenden Defiziten, beispielsweise durch Instruieren, Modellieren oder basales Üben mit verhaltens- und kognitionstherapeutischen Methoden);
- Ausbau, Optimierung, Differenzierung und Unterstützung von Fertigkeiten (z. B. durch Rollenspiel, Dialog- und Verhaltensübungen oder beratende Gesprächsführung);
- Transfer und Generalisierung von Kompetenzen und Fertigkeiten im Alltag (z. B. durch Beratung und Begleitung, Übungs- und Hausaufgaben oder Einbeziehung von Bezugspersonen)

Empirische Studien belegen, dass therapeutische Verfahren im Sinne der ambulanten Sozialtherapie als integrativer Bestandteil umfassender Behandlungsprogramme praktikabel, effektiv und wirtschaftlich sind für Patienten, die bislang nur stationär versorgt werden konnten (Redel 2001). Gemessen am Bedarf müssten die Aussichten für Soziale Therapie im Rahmen Klinischer Sozialarbeit hervorragend sein. Die Realität sieht leider anders aus – aufgrund von falsch verstandenen Sparzielen, rigiden Ausführungsbestimmungen und egoistischer Standespolitik.

6.4.3 Soziale Unterstützung und *Case Management*

Case Management (CM) bezieht sich auf die Organisation und Vernetzung des Hilfeprozesses mit dem Ziel, Lebensbewältigung und Wohlbefinden von Klienten zu verbessern. Als *Case Manager* helfen Klinische Sozialarbeiter den Klienten, ihre Kontakte mit Fachleuten und Institutionen zu regeln, fördern die Kooperation und unterstützen bei der Bewältigung von Alltagsschwierigkeiten – als Koordinatoren der Systeme, Vermittler von Dienstleistungen und Berater im Lebensfeld. Ihre Interventionen zur Belastungsreduktion und -bewältigung basieren auf der Vorstellung, dass Probleme häufig in Unterstützungsdefiziten der sozialen Netzwerke von Klienten begründet sind:

- Trennung von wichtigen Menschen (z. B. Partner)
- Trennung von informellen Netzwerken (z. B. Freundeskreis)
- Trennung vom weiteren sozialen Kontext
- begrenzte Ressourcen wichtiger Bezugspersonen
- Rückzug von Bezugspersonen wegen negativer Einstellungen
- Inkompetenz wichtiger Personen
- Ablehnung des Klienten

Grundsätzlich sollen Klienten selbst befähigt werden, mit ihrem Umfeld angemessen umzugehen. Wenn jedoch Beratung und therapeutische Gespräche nicht ausreichen oder unangemessen sind, greift der sozialtherapeutische Ansatz in Netzwerke ein. Netzwerkarbeit („*networking*") kann eine notwendige Ergänzung zu therapeutischen Lösungsversuchen sein. Dabei geht es sowohl um persönliche Netzwerke, also die Beziehungen von Menschen zueinander, womit das Konzept *Soziale Unterstützung* angesprochen ist, als auch um institutionelle Netzwerke, die durch neue Verbindungen zur Verbesserung der persönlichen Situation beitragen können. Das *soziale Netzwerk* ist ein System sozialer Beziehungen in dem ein Individuum lebt. Aus seiner Perspektive ist es immer ein *persönliches Netzwerk*, wobei Klinische Sozialarbeit nicht außer Acht lassen darf, dass dieses Netzwerk immer in übergreifende sozialstrukturelle Zusammenhänge eingebettet ist (Löcherbach et al. 2002; Reiners-Kröncke/Stübinger 2000).

Case Management ist keine neue Erfindung, sondern ist seit jeher ein Bestandteil der Sozialen Einzelhilfe. Da mittlerweile fast eine magische Bezeichnung daraus wurde, warnt sogar der Promotor des CM in Deutschland (Wendt) vor einer Übertreibung, zumal nicht jeder Klient auf dieses Programm angewiesen ist, da oft nur einzelne Hilfen benötigt werden. Diese Warnung ist im Kontext Klinischer Sozialarbeit besonders wichtig. Die Profession muss eigene Beratungs- und Behandlungskonzepte (weiter-)entwickeln und auch anwenden. Andererseits sind vor allem die Verknüpfung der Einzelfallarbeit mit professioneller sozialer Unterstützung und das damit verbundene CM integrale Bestandteile klinisch-sozialer Methodik.

6.4.4 Krisenintervention

Krisenintervention umfasst im Rahmen Klinischer Sozialarbeit sowohl personbezogene (proximale) als auch umfeldbezogene (distale) Hilfen, die sich methodisch größtenteils der Mittel der Beratung, Psychotherapie, sozialen Unterstützung und Netzwerkarbeit bedienen. In der Krisenhilfe geht es entgegen dem Laienverständnis *nicht* darum, eine Krise möglichst schnell zu beenden. Menschen – auch Gruppen, Institutionen und ganze Gesellschaften – sind meist erst durch eine krisenhafte Zuspitzung ihrer Situation zu Änderungen bereit. Krise ist immer auch eine Chance, neu zu lernen und ein neues Gleichgewicht zu erringen und damit eine Chance für Entwicklung und Reifung. Krise ist allerdings auch ein ernst zu nehmender Vorläufer von Störung, Erkrankung oder etwa Suizid. Ihre konstruktive Bewältigung ist von den Fähigkeiten der Person, der Gruppe bzw. des sozialen Systems abhängig, die mittels klinisch-sozialer Unterstützung gestärkt werden können. Krisenintervention ist Soforthilfe bei akuten Krisen, die der Betroffene nicht allein zu beheben vermag. Ziel ist nicht die unmittelbare Beseitigung der Krisenzeichen, sondern die Verhinderung einer ungünstigen Weiterentwicklung und die Motivierung für eine Betreuung, etwa zur Bearbeitung der Ursachen.

Nach Kanfer et al. (1991, 9 f) stellt die Krisenintervention „eine eher kurze, sofortige, direkte Maßnahme dar, bei der unter Einsatz aller verfügbarer Hilfsmittel eine akute Krise bewältigt werden muss". Sie ist als Hilfsangebot vielgestaltig und wird in unterschiedlichen Diensten und Professionen mit differierenden Aufträgen und Selbstverständnissen vorgehalten (z. B. Notfallmedizin, Suizidprävention oder Krisenintervention als gemeindeorientiertes Angebot). Eine wichtige Rolle spielt der neu entstandene Bedarf an Krisenhilfen durch die Enthospitalisierung psychisch Kranker (Bergold/Schürmann 2001, 5).

Krisenintervention ist ein multiprofessionelles Arbeitsgebiet. Eine Kooperation klinisch geschulter Fachkräfte aus den relevanten Disziplinen liegt auch deshalb nahe, da bei vielen Krisen sowohl psychosoziale als auch psychologische und medizinische Faktoren eine Rolle spielen. Zimmermann (2001, 23) weist darauf hin, dass nur bei den „äußeren Polen der Bandbreite dieser Krisen . . . eine uniprofessionelle Klärung und Behandlung sinnvoll" ist; dies gelte etwa „für einen akuten Verwirrtheitszustand im Rahmen einer Intoxikation oder eines apoplektischen Insultes, wo eine ausschließlich ärztliche Diagnostik und Therapie zunächst am ehesten angezeigt" sei. Im Kontext Klinischer Sozialarbeit umfasst die Krisenintervention insbesondere Maßnahmen, die die Bewältigungsmöglichkeiten der Person oder Gruppe durch niederschwellige Hilfe und Ressourcenaktivierung in einer begrenzten Zeitspanne wieder herstellen und dadurch einer weiteren gefährlichen Zuspitzung oder Chronifizierung der Problematik vorbeugen; dazu zählen:

- stützende Beziehung zwischen Klient(ensystem) und Helfer;
- Orientierung und Halt gebende Klärung der Situation, des Erlebens sowie der Belastungen und Ressourcen;
- Klärung von Ausmaß, Möglichkeiten und Grenzen sozialer Unterstützung und deren Aktivierung (z. B. Einbeziehung von Bezugspersonen);
- sozialökologische Ressourcenaktivierung im Rahmen eines regionalen professionellen Netzwerkes psychosozialer und medizinischer Hilfen

6.4.5 Soziale Prävention und Rehabilitation

In Anlehnung an die Ottawa-Charta, die sozialarbeiterische Handlungsoptionen ausdrücklich einfordert, zielt soziale Prävention auf die Schaffung von förderlichen Lebenswelten, die Unterstützung von Gemeinschaftsaktivitäten zur Stärkung der Autonomie und Kontrolle über die eigenen (Gesundheits-)Belange sowie auf die Förderung und Entwicklung persönlicher Kompetenzen und lebenspraktischer Fertigkeiten durch Information, Bildung, Verbesserung sozialer Kompetenzen. Im Anschluss an Waller (1982, 2002) kann zwischen *kommunikativen* (Problematisierung gefährdender Verhaltensweisen, Information und Wissensvermittlung, Verhaltenshilfen als Einüben neuer, psychosozial weniger bedenklicher Verhaltensweisen) und *strukturellen* Maßnahmen (Interventionen im sozialen Nahraum, Beeinflussung kultureller, politischer, wirtschaftlicher und ökologischer Bedingungen) unterschieden werden. Kommunikative Maßnahmen bei besonders schwierigem Klientel erfordern häufig klinische Kompetenzen (Kap. 3).

Der Begriff der sozialen bzw. psychosozialen Rehabilitation hat Bedeutung auf verschiedenen Ebenen: Rehabilitation im Sinne von *Wiederbefähigung* ist ein zentrales Ziel klinischer Sozialarbeit in der Arbeit mit kranken und behinderten Menschen; Rehabilitation ist auch *Maßnahme* und damit eine der Grundformen psychosozialer Behandlungsmethoden; schließlich hat die Rehabilitation im Gesundheitswesen institutionelle Bedeutung als spezialisiertes Behandlungssystem im Rahmen sozialrechtlicher Bestimmungen. Sie ist also Zielsetzung, Arbeitsform und Institution zugleich (Mühlum/Gödecker-Geenen 2003). Sofern die *soziale* Dimension der Rehabilitation betont wird, hätte die Klinische Sozialarbeit potenziell die Chance zur Leitdisziplin zu werden, – zumal es Crefeld (2002) zufolge bisher keinen Heilberuf gibt, der sich *umfassend* (und nicht nur unter Teilaspekten) um die Integration in den Alltag, die Einbeziehung des sozialen Netzwerks und um *Empowerment*-Ziele bemüht. Klinische Sozialarbeit ist grundsätzlich für jene Aufgaben der Rehabilitation zuständig, die die direkte subjektbezogene psychosoziale Beratung und Behandlung betreffen. Grundständige Sozialarbeit dagegen übernimmt das auf die soziale Lebenslage bezogene Unterstützungsmanagement, das im Rahmen sozialrechtlicher und institutioneller Bedingungen zu organisieren ist.

Psychosoziale Rehabilitation umfasst alle Maßnahmen, deren generelles Ziel es ist, die Lebenssituation der Erkrankten „so zu verändern, dass weitere Krankheitsprozesse möglichst vermieden, zumindest jedoch aufgehalten werden" (Schaub et al. 1997). Dabei spielen wertsetzende Leitideen einer demokratischen und sozial gerechten Gesellschaft eine Rolle, die die Partizipation der Menschen in Selbstbestimmung und Eigenverantwortlichkeit garantieren – möglichst ohne die persönliche Lebenssituation aufgeben zu müssen. Nach Firnenburg (zit. nach Schaub et al. 1997, 4) ist es Leitziel der *sozialpsychiatrischen* Rehabilitation,

„psychisch kranken oder behinderten Menschen das ihnen mögliche Niveau an Freude, Selbstverwirklichung und gesellschaftlicher Teilhabe zu erhalten bzw. wiederherzustellen im Rahmen einer möglichst selbstständigen, subjektiv und mit den Ansprüchen der sozialen Umgebung vereinbaren Lebensführung."

Zur Verwirklichung dieser Ziele dient das gesamte Spektrum sozial-klinischer Beratung und Behandlung zur Krankheits- und Lebensbewältigung, sozialen Integration und Selbstbildstabilisierung. Einbezogen wird grundsätzlich die gesamte Lebenswelt, insbesondere die Familie, aber auch die Kontaktpflege in und außerhalb der tangierten Institutionen, die Teilnahme am kulturellen Leben und die finanzielle Absicherung sowie das Wohnen. Denn bei psychisch kranken Menschen steht das Ordnen und Bewältigen des Alltags und das Trainieren psychosozialer Fertigkeiten im Zentrum.

Der Bedarf an rehabilitativen Leistungen wird in Zukunft infolge der Fortschritte in der Akutmedizin und der steigenden Lebenserwartung zunehmen. Dabei wird der sozialen Dimension – und damit der Sozialarbeit – immer größere Bedeutung zukommen. So stellt sich die Frage, wie die Stärkung und Vernetzung sozialer Unterstützungssysteme gefördert werden kann, *ohne* die noch vorhan-

denen persönlichen und lebensweltlichen Ressourcen der Betroffenen durch sozialprofessionelle Systeme zu verdrängen. Hier ist
die Weiterentwicklung der Rehabilitationskette ambulanter, teilstationärer und stationärer Maßnahmen und Einrichtungen erforderlich, die personenbezogene Hilfen mit individuellem Zuschnitt
für den Einzelfall vorhalten.

6.4.6 Psychoedukation

Der Begriff Psychoedukation wird in einem weiten Sinne gebraucht.
Ursprünglich für die Arbeit mit an Schizophrenie erkrankten Menschen und deren Angehörigen eingeführt, wird Psychoedukation
inzwischen auch bei anderen chronischen Erkrankungen eingesetzt.
Nach Buttner (1996) gibt es ein Spektrum psychoedukativer Be-
handlungsansätze, denen als pädagogisches Element gemeinsam ist,
dass Patienten und Angehörige wichtige Tatsachen über die Erkrankung erfahren sowie Krankheitsmodelle und Wege der Hilfe
und Bewältigung kennen lernen. Unterschiede liegen in den Zielen, Inhalten und Vermittlungsweisen sowie dem Umfang der Interventionen und den Adressaten. Die Vermittlung von Wissen über
die Erkrankung und über Möglichkeiten der Bewältigung gilt
beispielsweise folgenden Themen:

- Reduzierung von Selbstbeschuldigungen bei Erkrankung eines Fami-
  lienmitgliedes
- Aufklärung über Ursachen und Symptome psychischer Krankheiten und
  ihre emotionalen Auswirkungen (zum Abbau unzutreffender subjekti-
  ver „Krankheitstheorien")
- Ursachen der Erkrankung und individuelle Frühwarnzeichen
- Verlaufsformen der psychischen Erkrankung
- Behandlungsmöglichkeiten (medikamentös, psychotherapeutisch und
  sozialtherapeutisch)
- Wirkung und Umgang mit Medikamenten (Verbesserung der Compliance)
- Möglichkeiten gelingender Interaktion in Familie oder Partnerschaft

Dadurch sollen Betroffene zu Partnern im Behandlungsprozess
werden. Psychoedukation beinhaltet somit vor allem die Mitwirkung der Patienten und ihrer Angehörigen bei der Behandlung, oft
im Rahmen von Patienten- und Angehörigengruppen. Der Vorteil
psychoedukativer Gruppenarbeit liegt in der sozioemotionalen Un-

terstützung, die durch den Austausch aktiviert wird. Für spezielle Krankheitsbilder gibt es Manuale zur Durchführung. Im Zusammenhang der Deinstitutionalisierung und gemeindenahen und ambulanten Versorgung psychisch Kranker soll die aktive Einbeziehung der Patienten und ihrer Angehörigen in den Behandlungsprozess verstärkt werden. Damit wandelt sich zumindest partiell auch die Rolle des psychisch Kranken: nicht länger passiver Adressat oder gar Opfer von Interventionen zu sein, sondern mitverantwortlich als aktiv Handelnder im sozialen Nahraum.

Studien zeigen, dass eine Kombination von medikamentöser Behandlung und psychoedukativer Familienarbeit zu einer nennenswerten Reduzierung von Symptomen und Rehospitalisierungsrate führt (Mattaini 1997; Bäuml/Pitschel-Walz 2003). Von besonderer Bedeutung ist die Verringerung der Selbststigmatisierung der Betroffenen und Angehörigen, da sie dem Leitziel der Stärkung der *Ich-Kräfte* und der *sozialen Kräfte* – und damit der gesellschaftlichen Integration – zuwiderläuft.

Auch wenn in der sozialpsychiatrischen Praxis mittlerweile Sozialarbeiter psychoedukativ tätig sind, dominiert auch hier noch eher die Ausgrenzung dieser Profession. So wird die Psychoedukation von interessierter Seite (siehe hierzu die Stellungnahme der AG-Psychoedukation; www.psychoedukation.net) gern der Psychotherapie zugeordnet und empfohlen, sie sollte Ärzten und Psychologen bzw. Psychotherapeuten vorbehalten bleiben. Damit wird erneut deutlich, wie schwierig die Stellung der klinisch orientierten Sozialarbeit in einschlägigen Arbeitsfeldern noch ist – und wie notwendig ihre klinisch-methodische Profilierung im Sinne der mehrfach geforderten Fachsozialarbeit.

7 Ethische Aspekte klinischen Handelns

Zum gesellschaftlichen Rahmen, in dem sich Klinische Sozialarbeit entfaltet, gehört ein Wertepluralismus, der nicht auf ethische Prinzipien verzichten kann (Kap. 7.1). So ist etwa *Gesunderhaltung* ein notwendiges Postulat der Gesundheitsförderung (Kap. 7.2). Die Sozialarbeit sieht sich gezwungen, im Spannungsfeld von Patienteninteresse und gesellschaftlichem Auftrag – der immer stärker von ökonomischen Parametern bestimmt wird – die philosophisch-anthropologischen Grundlagen beruflichen Handelns zu reflektieren und eine eigene Berufsethik zu entfalten (Kap. 7.3). Bezugspunkte sind die Würde des Menschen, die Erfüllung seiner grundlegenden Bedürfnisse und sein Streben nach Glück. Neben den Leitfragen, wie Gesundheit verbessert oder wiederhergestellt und das Leben auch bei chronischer Krankheit gelingen kann, gibt es in der klinischen Arbeit konkrete Anforderungen und Konflikte, ja Dilemmata, für die Entscheidungshilfen gesucht werden (Kap. 7.4). Der elaborierte Ethik-Code der *Clinical Social Work* (Kap. 7.5) kann dafür als Modell dienen, bis eigene Ethikgrundsätze formuliert sind.

7.1 Ethikdiskurs in der pluralistischen Gesellschaft

Eine „offene" Gesellschaft schafft mit den *Chancen* der Freiheit und Selbstentfaltung von Individuen und der Vielfalt von Lebensentwürfen auch *Orientierungsprobleme* und unerwünschte Folgewirkungen individueller Entscheidungen. Die „Sozialisierung" von Gesundheitskosten für riskantes Verhalten, die spätestens bei wachsender Finanznot zum öffentlichen Thema wird, ist nur ein Beispiel. Bereits auf dieser gesellschaftlichen Ebene sind also moralische Grundsätze zu beachten, die nicht einfach voraussetzungslos gegeben sind, auch nicht mehr traditionsvermittelt existieren, sondern nur durch moralische Urteilsbildung entstehen. Mit anderen Worten: immer mehr Lebensfragen, die früher von Traditionen und

Autoritäten vorentschieden wurden, sind bewusst zu entscheiden. Berufliche Entscheidungen bleiben davon nicht unberührt. Auch hier wird ein wachsender Bedarf an ethischer Vergewisserung spürbar, da Entscheidungsspielräume mit der sozialen Komplexität zunehmen, Entscheidungsregeln hingegen brüchig werden. Dies kann nur durch eine Befähigung zu selbstverantwortlicher Entscheidung auf der Grundlage ethischer Prinzipien kompensiert werden. Das gilt schließlich in besonderem Maße für personenbezogene Dienstleistungen, die von der Mitwirkung der Klientin oder des Patienten abhängig sind, einer Selbstentscheidung also, die grundsätzlich zu respektieren ist, doch auch Konflikte bewirken kann.

Ungeachtet mancher Klagen über Werterelativismus und Werteverfall haben Ethik und Moral Hochkonjunktur. Wachsende Handlungsmöglichkeiten und Entscheidungsnotwendigkeiten in fast allen Lebensbereichen, nicht zuletzt im Gesundheitswesen, erzwingen Ethikdiskurse, die Kongresse, Parlamente und zunehmend auch die Sozialarbeit beschäftigen. Diese ist immer häufiger mit Entscheidungsproblemen ihrer Klienten befasst und gerät nicht selten selbst in Begründungsnot. So sehr die Notwendigkeit ethischer Fundierung des Handelns einleuchtet, so erklärungsbedürftig sind die Begriffe (nach Schneider 2001 und Ulrich 1998):

- Unter *Moral* werden sozial geltende Überzeugungen, „moralische" Rechte und Pflichten, verstanden, die zusammen mit den gesellschaftlichen Verhaltensnormen die konkrete Lebenspraxis bestimmen (d. h. „sittlich" handeln).
- *Ethos* bezeichnet das subjektive Moralbewusstsein, in dem Personen ihr Leben führen und mit moralischen Grundsätzen begründen (d. h. „anständig sein" wollen).
- *Ethik* wird die philosophische Reflexion genannt, die nach allgemein gültigen Moralprinzipien sucht und dazu sowohl die normativen Ansprüche (des Einzelnen und der Gesellschaft) prüft, als auch nach dem „guten Leben" und „verantwortlichen Handeln" fragt.

Daraus folgt, dass (Aus-)Bildung Werte vermittelt, anerkannte Werte die Moral bilden und gemeinsame Moral die Gesellschaft zusammenhält. Die *Theorie der Moral* hingegen ist die Ethik. In einer Ethik als *Lehre vom gelingenden Leben* (Spaemann 1990) wird der Handelnde als Subjekt seiner Lebensführung verstanden, bei der nicht nur die moralische Qualität konkreter Entscheidungen, sondern die – subjektiven und objektiven – Bedingungen gelingender Lebensführung *grundsätzlich* interessieren. Das impliziert wiederum die Bezugnahme auf Philosophie, Anthropologie und Religion. Die Anthropologie etwa nennt menschliche Grundeigenschaften, aus denen Sollensforderungen abgeleitet werden können. Schilling (2000, 249) systematisiert solche *anthropologischen* Dimensionen: biologisch-leiblich, emotional-affektiv, kognitiv-rational, psycho-motorisch, sozial-kommunikativ und kulturellethisch.

Sie lassen sich mit den Bedürfnissen und grundlegenden Verhaltenstendenzen verbinden, wie sie in der Stufenfolge von Grund-, Sicherheits-, Sozial- und Kreativitätsbedürfnissen bei Maslow (*Bedürfnispyramide*), im Bestreben des Menschen nach Ausbildung der in ihm angelegten Möglichkeiten und Fähigkeiten bei Rogers (*Selbstaktualisierung*) und in der Suche des Menschen nach Sinn bei Frankl (*Logotherapie*; 1983) zum Ausdruck kommen (Mühlum/ Gödecker-Geenen 2003, 128 ff). Diese Ansätze sind für die sozialberufliche Arbeit im Allgemeinen und die Klinische Sozialarbeit im Besonderen von Bedeutung, weisen sie doch den Menschen als einmalig-einzigartiges, sozial-kommunikatives, sittlich-verantwortliches und sinnsuchend-spirituelles Wesen aus. Hier liegt der tiefere Grund für die geforderte Ausrichtung aller Klinischen Sozialarbeit an den bio-psycho-sozialen Anliegen ihrer Patienten.

7.2   Handlungsprinzipien der Gesundheitsförderung

Wenn die Sozialarbeit zur Erhaltung oder Verbesserung der Gesundheit beitragen möchte (Kap. 2), sind Werturteile notwendig: Was bedeutet „bessere Gesundheit"? Warum und wann soll interveniert werden? Welcher Art soll diese Intervention sein? Da die Gesundheitsförderung das Leben anderer Menschen beeinflusst, stellt sich zwangsläufig die Frage, welche Handlungsweisen richtig oder falsch, gut oder schlecht sind. Die berufliche Gesundheitsförderung ist folglich – wie jegliche Soziale Arbeit – normativ und hat demzufolge eine moralische Dimension. Das wird etwa im Postulat der *Gesunderhaltung* deutlich.

Die englischen „Fachkräfte in Gesundheitserziehung und Gesundheitsförderung" führen in ihrem Berufskodex beispielsweise die „Pflicht zur Betreuung und Fürsorge, fair und gerecht zu sein, die Rechte des Einzelnen und von Gruppen zu respektieren, Schaden abzuwenden, die Vertraulichkeit einzuhalten und Vorkomm-

nisse oder Schädigungen zu melden" an (Naidoo/Wills 2003, 113).
Vier *ethische Grundsätze* können demzufolge als Rahmen für Werturteile und ethisch fundierte Entscheidungen dienen:

- Selbstbestimmung (*Respect for Autonomy*)
- Gutes zu tun (*Beneficence*)
- Schaden abzuwenden (*Nonmaleficence*)
- fair und gerecht zu sein (*Justice*)

Diese Prinzipien können nach verbreiteter Ansicht das gesamte Feld der medizinischen Ethik abdecken, d. h. aus ihnen sollen alle inhaltlichen Entscheidungen abgeleitet werden können (Steinkamp/Gordijn 2003). Seedhouse formulierte für die in der Gesundheitsförderung Tätigen ein breiteres *Ethik-Raster* (zit. nach Naidoo/Wills 2003, 115), bei dem das Bemühen um bestmögliche Förderung der individuellen Potenziale im Vordergrund steht.

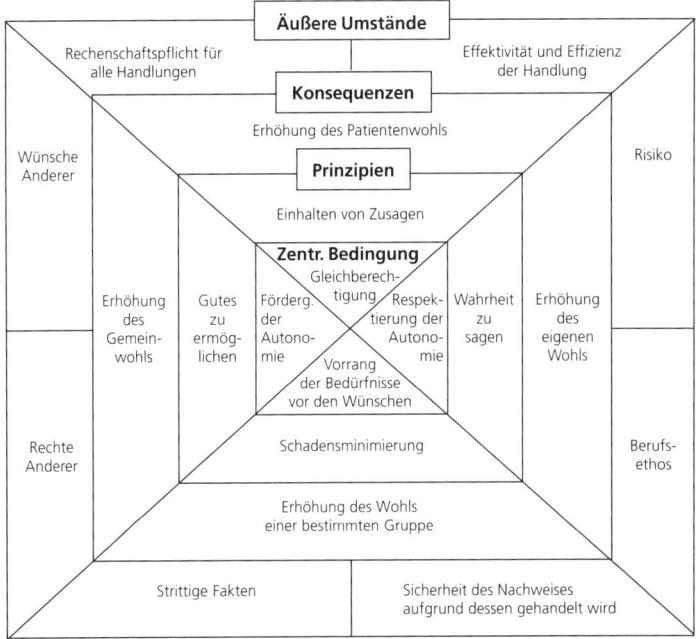

Abb. 3: Ethikraster (nach Seedhouse, zit. nach Naidoo/Wills 2003, 115)

Das Raster ist als Instrument für Mitarbeiter gedacht, um grundlegende Prinzipien und Werte hinterfragen und deren Bedeutung und Intention für sich klären zu können (Naidoo/Wills 2003, 116):

„In jeder Situation sollten Sie sich folgende Fragen stellen:

1. Zentrale Bedingungen meiner Arbeit für die Gesundheit
- Fördere ich die Autonomie meiner Klienten und ermögliche ich es ihnen, selbst ihr Leben zu bestimmen?
- Respektiere ich die Autonomie . . . unabhängig davon, ob ich deren Entscheidungen billige oder nicht billige?
- Respektiere ich, dass alle Menschen gleichberechtigt sind?
- Arbeite ich mit den Menschen zuallererst auf der Basis ihrer Bedürfnisse?

2. Grundlegende Prinzipien meiner Arbeit für die Gesundheit
- Tue ich Gutes und wende ich Schaden ab?
- Sage ich die Wahrheit und halte meine Versprechungen?

3. Konsequenzen meiner Arbeit für die Gesundheit
- Erhöht meine Handlung das Wohl des Einzelnen?
- Erhöht sie das Wohl einer bestimmten Gruppe?
- Erhöht sie das Wohl der Gemeinschaft bzw. Gesellschaft?
- Handle ich zum Wohl meiner selbst?

4. Äußere Umstände meiner Arbeit für die Gesundheit
- Führt sie zu . . . gesetzlich festgelegten Konsequenzen?
- Ist mit meiner Maßnahme ein Risiko verbunden?
- Ist meine Maßnahme auch die effektivste und effizienteste?
- Wie gesichert ist der Wirkungsnachweis meiner Maßnahme?
- Was sind die Ansichten und Wünsche der Betroffenen?
- Kann ich meine Handlungen aufgrund all dessen rechtfertigen?"

Die genannten Grundsätze Gutes zu tun, Schaden abzuwenden, Selbstbestimmung zu respektieren, gerecht und ehrlich zu sein sind sicherlich gute Ratgeber. In Verbindung mit dem Grundsatz, situationsspezifisch die jeweils Beste aller Lösungen zu erreichen, stellen sie aber auch einen hohen Anspruch. Sie schließen außerdem Widersprüche und Dilemmata bei Entscheidungen keineswegs aus. Sich dessen bewusst zu sein und dennoch um bestmögliche Lösungen zu ringen, macht eine verantwortungsbewusste Gesundheitsförderung aus.

7.3   Berufsethik – Selbstverpflichtung der Professionellen

Nahezu alle Gesundheitsberufe verfügen über Prinzipien oder Richtlinien für die Ausübung des Berufs. Das wohl bekannteste Beispiel ist der Eid des Hippokrates, der maßgeblich zum Ethos (und hohen Ansehen) der Ärzte beitrug, inzwischen jedoch vernachlässigt oder gar umdefiniert wird. Eine spezifische Berufsethik wird besonders dann benötigt, wenn erstens das professionelle Handeln die sonst üblichen Grenzen zwischen Menschen überschreitet – das Problem des „richtigen" Abstandes wurde von Scho-penhauer als *Stachelschweindilemma* anschaulich beschrieben (siehe Kasten) – und wenn zweitens die Betroffenen mehr oder weniger schutzlos ausgeliefert sind, wie etwa beim Körperkontakt als Folge des ärztlichen Handelns oder der Pflege. Das gilt auch für die Intimität der Beziehung in der psychosozialen Arbeit. Schneider (2003, 419) skizziert vier für die Berufsethik relevante Problembereiche als

- Balanceproblem zwischen universellen Werten und partikularen Lebenswelten,
- Machtproblem in asymmetrischen Beziehungen,
- Legitimationsproblem der beteiligten Interessen und
- individuelle Verantwortung hinsichtlich kooperativer und organisatorischer Zusammenhänge.

Das Stachelschweindilemma

„Eine Gesellschaft Stachelschweine drängte sich, an einem kalten Wintertage, recht nahe zusammen, um, durch die gegenseitige Wärme, sich vor dem Erfrieren zu schützen. Jedoch bald empfanden sie die gegenseitigen Stacheln; welches sie dann wieder von einander entfernte. Wann nun das Bedürfniß der Erwärmung sie wieder näher zusammen brachte, wiederholte sich jenes zweite Übel; so daß sie zwischen beiden Leiden hin und hergeworfen wurden, bis sie eine mäßige Entfernung von einander herausgefunden hatten, in der sie es am besten aushalten konnten." (Schopenhauer 1890; siehe dazu auch Bellak (1975), der die Fabel psychoanalytisch betrachtet und auf die Moderne bezieht.)

Die Fabel thematisiert die „richtige" Nähe und gewinnt als Nähe-Distanz-Problem auch für die Sozialarbeit zentrale Bedeutung.

Der *Code of Ethics* (international) und die *Berufsethischen Prinzipien* des DBSH (national) sind Reaktionen auf berufstypische Problemstellungen dieser Art. Tatsächlich ist die verbürgte Qualität eines „angemessenen" und „integren" beruflichen Handelns derart wichtig, dass sie zur Voraussetzung für die Anerkennung als Profession wird (wie das Bundesverfassungsgericht 1973 bezüglich der Zeugnisverweigerung von Sozialarbeitern urteilte – damals mit negativem Ergebnis, da die berufsständische Selbstkontrolle nicht sichergestellt war).

Berufsethiken stellen keine neuen moralischen Gebote auf und konkurrieren folglich nicht mit der allgemeinen Ethik, sondern *konkretisieren* Rechte und Pflichten. Vor allem aber geben sie argumentative Hilfen für den Umgang mit „heiklen" Situationen und „typischen" Konflikten. Eine besondere Problematik der sozialen Berufe besteht beispielsweise darin, „dass nicht nur ihr Ziel moralisch legitimiert sein muss und die Folgen und Nebenfolgen bedacht sein wollen, sondern dass ihre Objekte selbst moralfähige Subjekte sind und die Mittel in moralisch strukturierten Interaktionen bestehen" (Schneider 2001, 163). Wenn dabei die Anliegen aller Beteiligten berücksichtigt werden sollen, hat die Berufsethik vor allem der Klärung der beteiligten Interessen zu dienen und kann kaum noch inhaltliche Setzungen vornehmen. Klare Regeln und eindeutige Vorschriften verlieren somit an Bedeutung zugunsten der Art und Weise des Vorgehens („prozedurales Verfahren"). Das erklärt auch die Verbreitung von Ethikkonferenzen, -komitees und -kommissionen in sensiblen Handlungszusammenhängen.

Der Berufskodex Sozialer Arbeit bezieht sich allerdings aus gutem Grund nicht nur auf die unmittelbare Interaktion zwischen Professionellen und Klienten, sondern auch auf den institutionellen und gesellschaftlichen Rahmen. Die moderne Sozialarbeit versteht sich deshalb mit einem gewissen Sendungsbewusstsein als „Menschenrechtsprofession" (Staub-Bernasconi). Die Präambel der „Berufsethischen Prinzipien des DBSH" (DBSH 1998, 12) hält fest: „Soziale Arbeit ist die Institution der beruflich geleisteten Solidarität mit Menschen, insbesondere mit Menschen in sozialen Notlagen." Zeitgemäße Sozialarbeit hat folgende Prämissen: Sie ist gleichzeitig der Autonomie des Individuums (Personalität), dem Vorrang der kleinen Lebenskreise (Subsidiarität) und dem sozialen Ausgleich im Sinne sozialer Gerechtigkeit verpflichtet (Solidarität) – was klassisch in der katholischen Soziallehre formuliert wurde (Lob-Hüdepohl 2002, 292). Damit zeigt sich erneut, dass die Soziale Arbeit eine moralische Dimension hat (und nicht nur eine moralische Instanz des Sozialstaates ist).

Ziel jeglicher Sozialarbeit ist es, die Lebensführung von Menschen auch unter schwierigen Bedingungen zu unterstützen und eine Verbesserung dieser Bedingungen zu bewirken. Dabei können die berufsethischen Anforderungen entlang des typischen Rollendifferenzials als Pflichten gegenüber den Klienten, sich selbst, den Kollegen, den Institutionen, dem Berufsstand und der Gesellschaft bestimmt werden. Das berufliche Handeln soll dabei – so der Berufsverband – in der Würde der Person seine unbedingte und allgemeine Orientierung haben. Dies steht im Einklang mit der internationalen *Social Work* sowohl bezüglich der Definition von Montreal von 2000, als auch des internationalen *Code of Ethics* der IFSW von 2001 und des UN-Manuals von 1994 (Hare 2004). Allerdings können auch die berufsethischen Prinzipien aus den genannten Gründen keine Antwort auf ethische *Dilemmata* geben, wie etwa Arbeit mit gewaltbereiten Jugendlichen oder Wunsch nach aktiver Sterbehilfe. Die IFSW fordert daher die Mitgliedsverbände auf, Foren für die Diskussion solcher Konflikte einzurichten und für besonders konfliktträchtige Bereiche ethische Standards zu formulieren (Borrmann 2004). Ein allgemeiner, doch zentraler Grundsatz könnte lauten: Jeweils *der* Methode bzw. Intervention den Vorzug zu geben, die das größte Hilfepotenzial und das geringst mögliche Schadenspotenzial birgt.

7.4   Ethik der Klinischen Sozialarbeit

Aufgrund der Vielfalt der Lebensentwürfe und -deutungen ist die erforderliche „ethische Kompetenz" gegenwärtig schwieriger, aber auch notwendiger als je zuvor. In methodischer Hinsicht ist von der – nach der Logik sozialprofessioneller Beratung unterscheidbaren – *autoritär-präskriptiven* und *parteilich-diskursiven* Beratung nur letztere mit dem Selbstanspruch Klinischer Sozialarbeit vereinbar, da nur diese der selbst verantworteten Lebensführung des Ratsuchenden gerecht wird (Lob-Hüdepohl 2003, 451). Die Klinische Sozialarbeit knüpft im Übrigen an die zitierten berufsethischen Prinzipien an, im Bemühen um Konkretisierung hinsichtlich der Autonomie von Patienten oder der Güterabwägung in Konfliktsituationen. Angesichts existenzieller Ängste von Patienten ist sie tatsächlich nicht nur mit Daseinsbewältigung, sondern auch mit Daseinsbestimmung und Seinsfragen befasst (Mührel 2003). Der Besonderheit des *therapeutischen Settings* versucht sie mittels *systematischer Fallbesprechung* gerecht zu werden.

7.4.1 Ethik im therapeutischen *Setting*

Grundzüge einer „Ethik der Intervention" wurden von Schlüter (1995, 167 ff) in folgende Leitsätze gefasst: Streitbare Toleranz, Achtung der Person, unparteiliche Parteinahme (gemeint ist: unparteiisch zu sein und dennoch für den Schwächeren Partei zu ergreifen), Selbstverwirklichung und Selbstbestimmung, Beeinflussung und Emanzipation, partnerschaftliche Berufsbeziehung, Selbstprüfung und Überprüfung des fachlichen Instrumentariums. Grundsätze und Prinzipien dieser Art können in Konflikt- und Entscheidungssituationen Orientierungshilfe geben, ersetzen jedoch nicht die Entscheidung selbst, die stets persönlich zu treffen und zu verantworten ist. Das wird an konkreten Herausforderungen und Konflikten des beruflichen Alltags im Gesundheitswesen deutlich (Cowles 2000, 278 f; Steinkamp/Gordijn 2003). „Klinisch" ausgewiesene Sozialarbeit muss dabei nicht nur fachlich „richtig" und „methodengerecht", sondern auch sozioemotional „empathisch" und ethisch „gut" sein.

Wenn unterschiedliche Interessen und Werthaltungen kollidieren, ist jedoch selten eine eindeutige und allseits befriedigende Lösung möglich, wie Alltagsprobleme und Beziehungskonflikte, Effizienzfragen und Behandlungskontroversen nur allzu häufig belegen. Da in der Klinischen Sozialarbeit der Patient bzw. Klient und *seine* Entscheidung erste Priorität haben, sind jene Konflikte besonders belastend, die seine Autonomie infrage stellen. Die Kommunikation schwerwiegender Diagnosen und der Umgang mit unabwendbarem Leid sind Beispiele dafür.

Umgang mit schwerwiegenden Diagnosen: Der Umgang mit schwerwiegenden Diagnosen kann vor allem bei infauster Prognose für alle Beteiligten unendlich schwer sein. Was bedeutet dann „informierter Patient" und „Wahrheit am Krankenbett" konkret? Wer trifft wann welche Entscheidung zur Aufklärung? Die Würde des Patienten ist ohne Zweifel dann verletzt, wenn das gesamte Umfeld informiert ist, nicht aber der Patient, oder wenn (nicht selten) Angehörige und Patienten versuchen, ihr Wissen um das nahe Ende voreinander zu verbergen. Grundsätzlich gibt es zwei entgegengesetzte Positionen: Wahrheit und Klarheit versus Zurückhaltung und Schonung. Zunächst ist eine offene und direkte Kommunikation, also die Mitteilung der Diagnose, wünschenswert, andererseits müssen Wunsch und Belastbarkeit der Betroffenen berücksichtigt werden. Rechtlich hat der Patient Anspruch auf Aufklärung durch den behandelnden Therapeuten, kann jedoch selbst darüber entscheiden, ob und wie weitgehend er aufgeklärt sein will. Zeitpunkt und Art der Aufklärung stehen dann im Ermessen des Arztes, – der aber oft ein schlechter Gesprächspartner für alle weiteren Themen ist, einschließlich der Angst, Wut und Verzweiflung von sterbenden Patienten und Angehörigen (Student et al. 2004). Da hier hohe kommunikative Kompetenz verlangt wird, ist die Klinische Sozialarbeit gefragt, die ihrerseits zwischen dem Recht des Patienten auf Informiertheit und dem Recht auf Nicht-wissen-Wollen *situationsgerecht* und *persongerecht* entscheiden muss.

Ähnlich verhält es sich mit dem Problem einer strittigen Behandlung, vor allem, wenn die Entscheidung nicht von einem mündigen erwachsenen Patienten im Vollbesitz geistiger Kraft getroffen werden kann, sondern etwa Angehörige und Therapeuten ersatzweise (z. B. für ein Kind oder einen Koma-Patienten) entscheiden sollen – bei womöglich gegensätzlichen Einschätzungen. Hier könnten externe Fachleute, Kommissionen oder auch eine Kasuistik helfen, um mit der gebotenen Unabhängigkeit zu einer ethisch fundierten Entscheidung zu kommen.

Umgang mit (unabwendbarem) Leid: Leiden zu müssen ist schwer, schwer zu ertragen ist es hingegen auch, hilflos vor einem leidenden Menschen zu stehen, wenn Deutung und Annahme des Leidens nicht gelingen. Nahezu alle wichtigen Lebensereignisse (*Life-Event*-Forschung; Filipp 1990) und Lebensübergänge (*Life-Model* der Sozialarbeit; Germain/Gitterman 1999) haben jedoch leidvolle Anteile und erfordern Loslassen, Abschiednehmen und Neuorientierung. Die Klinische Sozialarbeit steht hier erneut vor dem Dilemma, das Unabwendbare um der Würde des Menschen willen nicht leugnen zu dürfen und dennoch der Hoffnung eine Chance zu geben. Schließlich gehört es zu ihrem Auftrag, Menschen zu befähigen, die Anforderungen des Lebens bis zum Ende zu meistern. Nicht nur die möglicherweise „verweigerte Zukunft", sondern auch eine „belastende Vergangenheit" werden so zu Themen, denen sich die Klinische Sozialarbeit – neben der Seelsorge – stellen muss, da auch das Ungelebte, Versäumte und Verlorene Wirklichkeiten sind, die eine ganzheitliche Betrachtung einschließen sollte. Die Verarbeitung von Verlusterfahrungen ist eine genuine Aufgabe Klinischer Sozialarbeit, da Krisen oft mit Reifungsprozessen einhergehen, die im Reifungsschmerz allerdings selten bewusst werden. Tatsächlich bedeutet „gelungene Bewältigung" immer einen Zuwachs an persönlicher Kompetenz und kann so Zufriedenheit und relatives Wohlbefinden verbessern.

Die Auseinandersetzung mit eigenem und fremdem Leid ist ein individueller Prozess, den helfende Berufe zur eigenen Psychohygiene bewusst gestalten müssen – durch „bewusstes Erleben", „Teilen des Leids" und „Sinnstiftung" (Rauchfleisch 2001, 126 ff). Zur Bewältigung dieser existenziellen Herausforderung gehört auch die Suche nach der Bedeutung dessen, was dem Leidenden „zugemutet" wird, welche Sinn stiftenden Angebote es gibt und welche Rolle die Sozialarbeit dabei übernehmen kann (Lewkowicz/Lob-Hüdepohl 2003). Aus alldem wird erkennbar, dass Patienten häufig große Hoffnungen auf die klinisch-sozialen Dienste setzen, deren Fachkompetenz sie jedoch kaum verlässlich einschätzen können. Damit ist einmal mehr die Verantwortung angesprochen, die der Profession obliegt, – in der Fähigkeit zur Selbstkritik ebenso wie der Bereitschaft, Patienten zur Kritikfähigkeit zu ermutigen (Schneider 2003, 422):

„Das Handeln transparent zu machen, sich der Bewertung und Kritik zu stellen, Professionalität als solche deutlich zu machen, vor allem auch in fachlicher Selbstbeschränkung und in ihren legitimen Grenzen, dürfte das zentrale Postulat einer Berufsethik sein. Die Gesinnungsethik des guten Menschen muss durch die Verantwortungsethik des Profis ergänzt, vielleicht sogar ersetzt werden."

Schließlich kann sozialberufliches Handeln im sozialtherapeutischen *Setting* als spezifische Ausprägung der generellen Sozialarbeit, also auch im Sinne der Hermeneutik als Hilfe zum „Fallverstehen" und zur „stellvertretenden Deutung" verstanden werden. Dies setzt allerdings die entsprechende Methodenkompetenz voraus. Eine mögliche Alternative im Sinne von prozeduraler Ethik ist die systematische Fallbesprechung, verstanden als interaktiver Prozess aller Beteiligten im multiprofessionellen Team, die im Folgenden skizziert wird.

7.4.2 Klinisch-ethische Fallbesprechung

Die angedeuteten Entscheidungsnöte lassen erkennen, dass eine qualifizierte Auseinandersetzung mit ethischen Fragen in praxi „eine eigene Art von Sachkundigkeit wie auch Strukturen erfordert, mit denen diese Sachkundigkeit in den Organisationen des Gesundheitswesens umgesetzt werden kann" (Steinkamp/Gordijn 2003, 14). Das bedeutet nicht, die Zuständigkeit einfach zu verlagern oder abzugeben, sondern vielmehr, die Expertise moralischer Entscheidungen zu verbessern. Hierbei sind ein hohes Maß an Sachverstand, Empathie *und* organisatorische Verlässlichkeit von Vorteil. Dazu können Leitbilder, Ethikkommissionen, Schulungen und Fachgespräche beitragen, die eine Urteilsbildung der Beteiligten fördern. Steinkamp und Gordijn (2003, 15) sprechen von einem *klinisch-ethischen Interaktionsmodell*, das diese Auseinandersetzung vor Ort, in der Praxis, so zu führen hilft, „dass ethische Probleme bei der Patientenbehandlung, -pflege und -versorgung sowie ethische Fragen der Organisationen ... als Ganzes gleichermaßen berücksichtigt und auf sachgerechte Weise behandelt werden können."

Ein plausibles Verfahren ist die methodisch fundierte *ethische Fallbesprechung* als „der systematische Versuch, im Rahmen eines strukturierten, von einem Moderator geleiteten Gesprächs mit einem multidisziplinären Team innerhalb eines begrenzten Zeitraums zu der ethisch am besten begründbaren Entscheidung zu gelangen" (ebd. 234). Sie bezieht alle beteiligten Mitarbeiter in die Entscheidungsfindung ein und erhöht *Awareness* und Sensibilität. Diese *Nijmwegener Methode* des ethischen Diskurses wurde in klinischen Teams erprobt und hat sich offenbar bewährt. Die Vorgehensweise erinnert im Übrigen an die erwähnte IFSW-Forderung nach einschlägigen Foren oder Diskurszirkeln. Konkret wird zunächst das Problem dargestellt und die Fakten werden erörtert, dann folgen eine Bewertung aus Sicht aller Beteiligten und mögliche Lösungsvorschläge. Dabei sind im klinischen Feld stets die

- therapeutische Machbarkeit,
- ökonomische Notwendigkeit,
- organisatorische Nützlichkeit und
- soziale Dringlichkeit

als bestimmende Faktoren zu berücksichtigen. Da neben den erwähnten existenziellen Nöten der Klienten häufig fachliche und ethische Ansprüche mit den Interessen der Einrichtung kollidieren oder zwischen die Organisationsebenen geraten, ist die institutionelle Einbindung entscheidend. Eine Leitbildentwicklung oder ethische Leitlinie kann daher im Sinne der Organisationsentwicklung die ethische Fallbesprechung erheblich unterstützen.

Die angedeutete klinisch-ethische Interaktion kann durchaus auf bekannte *ethische Prinzipien* zurückgreifen; dazu zählen: „Goldene Regel", „Gegenseitigkeitsmoral", „Nächstenliebe" oder „Kategorischer Imperativ". Ohne die Spannung zwischen Autonomie (autonome Moral) und übergeordnetem Guten (göttliches Gesetz) zu ignorieren, gilt doch, dass moralische Urteile niemals vom Einzel- oder Eigeninteresse, sondern immer von einem *universalen Standpunkt* aus zu treffen sind – was in der Einnahme des „Standpunktes eines unbeteiligten Beobachters" zum Ausdruck kommt – da Universalisierbarkeit ein konstitutives Merkmal moralischer Urteile ist. Dessen sollten sich vor allem Klinische Sozialarbeiter bewusst sein, die verstärkt Selbsterfahrung benötigen und an ihrer Persönlichkeitskompetenz bereits in der Ausbildung arbeiten. Man mag bedauern, dass es kein Bearbeitungsschema mit eindeutigen Lösungen für ethische Konflikte gibt, doch Ethik kann dem Praktiker die Entscheidung nicht abnehmen (Schlittmaier 2004, 46): „Sie kann lediglich dazu beitragen, den Kontext einer Entscheidung einer vertieften Betrachtung zuzuführen und Kriterien anbieten, die ein hohes Maß an Plausibilität beanspruchen. Ethik ermöglicht damit eine fundiertere und reflektiertere Entscheidung." Gefragt sind somit nicht moralische Appelle, sondern vielmehr *ethische Kompetenz* als Fähigkeit, auf der Basis eigener reflektierter Überzeugungen Wertkonflikte zu erkennen, zu beurteilen und – möglichst im Konsens mit dem Klienten – Lösungen zu entwickeln, die fachlich begründet und „moralisch" verantwortbar sind.

7.5   Ethik-Code – Anleihen bei der *Clinical Social Work*

Die Forderung der IFSW an die nationalen Verbände, ethische Standards für besonders konfliktträchtige Felder zu schaffen, trifft gewiss auf die Klinische Sozialarbeit zu. Da dies in Deutschland noch nicht umgesetzt ist, seien zunächst fünf konstitutive *Bedingungen für ethische Standards* (Borrmann 2004, 13) genannt, danach werden auszugsweise die etablierten Prinzipien des *Code of Ethics in Clinical Social Work* (übers. von Dentler und Pauls) skizziert.

Bedingungen für ethische Standards

- Die zu formulierenden Standards müssen mit den formulierten Prinzipien kompatibel sein.
- Die normativen Handlungszusammenhänge der jeweiligen Rahmenbedingungen sind zu berücksichtigen.
- Intentionen und Ziele der Professionellen sind in die Bewertung einzubeziehen.
- Die Methoden müssen ethisch gerechtfertigt sein.
- Die (kurz- und langfristigen) Konsequenzen einer Handlung für alle Beteiligten sind zu beachten.

Insgesamt sollten die entwickelten Standards transparent sein, fachöffentlich diskutiert und verbindlich gemacht werden sowie die Chance bieten, Widersprüche (z. B. zwischen individuellen und öffentlichen Ansprüchen) aufzulösen.

Prinzipien der Clinical Social Work: *„Präambel*: Das wichtigste Ziel der Klinischen Sozialarbeit ist die Förderung der sozialen und psychischen Gesundheit und des Wohlergehens der Individuen und Familien, die ihre Dienste in Anspruch nehmen. Die Klinische Sozialarbeit wird durch ethische Prinzipien bestimmt, die in den Grundwerten der Sozialen Arbeit wurzeln. Diese Grundwerte umfassen

- die Anerkennung der Würde und Selbstbestimmung des Individuums sowie dessen Wohlergehen,
- die Verpflichtung zu einer professionellen Berufsausübung, die sich durch Kompetenz und Integrität auszeichnet, und
- die Verbundenheit mit unserer demokratischen Gesellschaft, die allen ihren Mitgliedern die gleichen Lebenschancen in gerechter und vorurteilsfreier Weise bieten soll, unabhängig von Nationalität, Religion, Geschlecht oder ethnischer Zugehörigkeit . . ."

Darauf folgen vier „Prinzipien" (allgemeine Verantwortung, Verantwortung gegenüber Klienten, Vertraulichkeit bzw. Datenschutz und
Öffentlichkeit), die jeweils Leitgedanken formulieren, die im Ethik-
Code aufgeschlüsselt, konkretisiert und für die Berufsgruppe verbindlich gemacht werden. Von der Klinischen Sozialarbeit wird
erwartet, dass sie diese Prinzipien berücksichtigt und „nur Verfah-
rensweisen anwendet, die mit ihrem Geist und Wortlaut überein-
stimmen".

Dieser Ethik-Code liegt bis auf Weiteres auch der berufsethischen Selbstverpflichtung der von der ZKS-Coburg zertifizierten
Klinischen Sozialarbeiter in Deutschland zugrunde.

8 Geschichte: *Clinical Social Work* und Klinische Sozialarbeit

Clinical Social Work und Klinische Sozialarbeit haben – bei allen Unterschieden – gemeinsame Wurzeln in der Einzelfallhilfe und sozialen Diagnose, die Alice Salomon, angeregt durch Forschungsarbeiten von Mary Richmond, in Deutschland verbreitete (Kap. 8.1). Während hier jedoch die Entwicklung zu einer eigenständigen Wissenschaft durch den Nationalsozialismus unterbrochen wurde, konnte in den USA die *Social Case Work* zu einer methodisch anspruchsvollen Arbeitsform reifen (Kap. 8.2). Die Nachkriegsgeschichte verlief zunächst ähnlich gespalten: Im Unterschied zur *Social Work* war die deutsche Sozialarbeit noch lange nach 1945 mit ihrem beschädigten Selbstverständnis sowie dem Streit um Akademisierung und Professionalisierung beschäftigt und vernachlässigte die Methodenentwicklung (Kap. 8.3). Erst in den 70er Jahren fand sie allmählich Anschluss, bahnte aber mit der dann einsetzenden Therapiebewegung („Therapeutisierung") eher Wege aus der Sozialarbeit, als zu ihrer Profilierung beizutragen. Dies und die unglückliche Liaison zwischen Medizin und Sozialarbeit mag die Entwicklungsverzögerung der Klinischen Sozialarbeit erklären (Kap. 8.4), die allerdings in jüngster Zeit zunehmend Anerkennung und Profil gewinnt (Kap. 8.5).

8.1 Methodische Einzelfallhilfe und soziale Diagnose

8.1.1 Mary Richmond und das Konzept *Person-in-Environment*

Social Case Work ist der Ursprung der Klinischen Sozialarbeit in den USA wie auch in Deutschland, hier bezeichnet als Einzelfallhilfe, vertiefte Einzelfallhilfe, individualisierende Fürsorge, personenbezogene Hilfe, Mikropraxis oder auch Soziotherapie – je nach gesellschaftlichem und berufspolitischem Kontext. Konstitutiv für diese Methode ist die direkte Arbeit mit einzelnen Menschen und deren Familien: Sie befasst sich mit den individuellen Lebensbedingungen und Problemen von Menschen und sucht Antworten auf die vielfältigen, im Alltag auftretenden Probleme. Die am meisten praktizierte, jedoch auch häufig kritisierte Methode der Sozialen Arbeit (Meinhold in: Thole 2002, 509), ist auch die erste systematische Arbeitsweise, die sich vom laienhaften Vorgehen der ehrenamtlich Tätigen unterscheidet. Dies ist den frühen Forschungsarbeiten von Mary Richmond zu verdanken, die damit Sozialarbeitsgeschichte schrieb. Es ist deshalb nicht verwunderlich, mit welcher Konsequenz sich die *Clinical Social Work* in den USA auf Richmond und ihr Konzept des *Person-in-Environment* bezieht. Sie ging im Bestreben, die *direkte Arbeit* mit den Klienten effizienter zu gestalten und eine gerechtere Verteilung der Hilfe zu erzielen, in zwei Schritten vor. Der erste Schritt sah die systematische Anleitung der ehrenamtlichen *friendly visitors* durch hauptamtliche Kräfte vor, galt also einer Verbesserung der Hilfeleistung (Munson 1983, 85); der zweite Schritt bestand in der Erarbeitung methodischer Grundlagen der Fallarbeit mit den Regeln von Erkundung (Investigation), Diagnose und Behandlung. Diese Systematik entlieh sie der gesellschaftlich anerkannten Profession der Medizin, wie sie auch sonst bestrebt war, ihre Arbeit praktisch und theoretisch mit den Erkenntnissen anderer Wissenschaften zu verknüpfen.

Die Vorarbeiten zu ihrer Untersuchung machen deutlich, wie schwierig es war, zu einer systematischen Beschreibung der Einzelschritte Sozialer Arbeit zu kommen und daraus eine Methodenlehre zu entwickeln. Statistische Erhebungen, Befragungen zu den Tätigkeiten der Sozialarbeiter vor dem eigentlichen Beginn der Behandlung sowie umfangreiche Sammlungen und Auswertungen von Fällen wurden von mehreren Personen durchgeführt und dauerten von 1910 bis 1917 (Feustel 2004, 3).

Eine weitere Annahme macht Richmonds Vorgehen bahnbrechend und bestimmend für die Klinische Sozialarbeit: In der Einzelfallhilfe trennte sie sich von der zu ihrer Zeit auch von den Wissenschaften getragenen Vorstellung, man müsse die Menschen ihrer Umgebung anpassen. Sie war überzeugt, dass die Umgebung auch an den Menschen anzupassen sei. Hier war sie von den soziologischen Erkenntnissen der Chicagoer Schule und der Settlement-Bewegung (Dorfman 1988, 8) beeinflusst, die die Umgebungsfaktoren von besonderer Bedeutung für die Sozialarbeit ansahen.

Das auf dieser Annahme basierende Vorgehen ist bis in die Gegenwart grundlegend für die Sozialarbeit: Der doppelte Fokus, menschliches Verhalten nicht losgelöst von den individuellen und sozialen Lebensverhältnisse zu begreifen. Das theoretische Konzept und die methodische Strategie dieser anspruchsvollen *Person-in-Environment*-Anforderung impliziert, den Klienten und seine soziale Situation als wechselseitige Beziehung zu erfassen sowie auch die helfende Person in ihrem Einfluss auf dieses und in diesem System zu reflektieren (Kap. 1).

Im Jahre 1917 erschien das Standardwerk „Social Diagnosis", in dem Richmond die theoretischen Grundlagen für die Behandlung und Betreuung von Menschen in Notlagen darlegt. Zentral im *process leading to diagnosis* (1917, 113 ff) sind die *investigations*. Sie bilden die Grundlage für die Diagnose, also für die Einschätzung der individuellen Lebenslagen und Lebensbewältigungsstrategien. Es sind Anleitungen für sozial relevante Beobachtungen bei Hausbesuchen und für Fragen, die als Grundlage für die richtige Behandlung (*treatment*) dienen. Im Lehrbuch „What is Social Case Work?" vertieft sie diesen Ansatz und sieht die Aufgabe des *Case Workers* darin, personspezifische Anpassungsleistungen zwischen Mensch und sozialer Umwelt zu entwickeln (Richmond 1922).

8.1.2 Alice Salomon und „die Kunst, zu helfen"

Die Entwicklung in Deutschland hat, bei allen sonstigen Unterschieden zu den USA, Gemeinsamkeiten in der Einzelfallhilfe. Alice Salomon, die namhafte Pionierin der Sozialen Arbeit, fasste einzelne Schritte und Aspekte der Arbeiten von Richmond zusammen und übertrug sie differenziert auf deutsche Verhältnisse. So übernahm sie beispielsweise nicht den Begriff *Social Case Work*, sondern sah ihren Ansatz als Teil der *Methoden der Fürsorge* (Neuffer 1990, 30). Sie steht gleichzeitig in der Tradition der *Sozialhygiene* (Virchow), die den Zusammenhang von Armut und Krankheit nachwies, und sowohl der Sozialen Diagnose als auch der praktischen Gesundheitsfürsorge entscheidende Impulse gab.

Nach dem Ersten Weltkrieg, der die Sozialwissenschaften in Deutschland vom internationalen Diskurs isoliert hatte, schrieb sie das aufwändige Methodenbuch „Soziale Diagnose" (1926), das als Meilenstein der Sozialarbeit in Deutschland gilt. Analog zu Rich-

mond sieht sie in der sorgfältigen Erhebung sozialer Daten eine
Voraussetzung methodischen Handelns und einer soliden Diagnose, die eine selbstständige und komplexe Leistung vom Fürsorger
fordert (Müller 1995, 145). Im Unterschied zu Richmond ging es
ihr indes nicht um die Frage, ob ein Klient sich seiner Hilfe würdig
erweise, sondern vielmehr um die Entwicklung professioneller Hilfe.
Bei der *Ermittlungstechnik* („Erkundungen", Deutung und Bewertung der Daten) legte sie Wert auf Präzision und Vollständigkeit,
forderte wissenschaftliche Tugenden und verlangte, Tatsachen und
persönliche Meinung zu trennen (Salomon 2004, 271 ff). Die geforderte Vorgehensweise mag heute übertrieben erscheinen, ist für sie
jedoch zwingend (ebd., 260):

> „Aus der Ermittlung von Tatbeständen wirtschaftlicher oder anderer Art ist
> eine soziale Diagnose geworden, die alle Seiten des menschlichen Lebens,
> die Anlage und Entwicklung, Milieu und Schicksal in das rechte Licht set-
> zen und zu einem Gesamtbild vereinigen soll, das für die Hilfeleistung den
> Ausgangspunkt abgibt und das Ziel bestimmt."

Die *Soziale Diagnose* kann als Grundlage von Theorie und Methode Sozialer Arbeit betrachtet werden. Nach Salomon besteht sie
darin, „dass man entweder einem Menschen hilft, sich in der gege-
benen Umwelt einzuordnen, zu behaupten, zurechtzufinden – oder
dass man seine Umwelt so umgestaltet, verändert, beeinflusst, dass
er sich darin bewähren, seine Kräfte entfalten kann" (ebd., 308).
Mit diesem Handlungsansatz führt sie das *Person-in-Environment*-
Konzept gedanklich weiter; in der Gegenwart würde man das als
soziale Unterstützungs- und Netzwerkarbeit bezeichnen.
    In der „Kunst, zu helfen" reflektiert Salomon (2004, 308 ff) auch
das Verhältnis zwischen Klient und Sozialarbeiter. Zentral erscheint
ihr die Autonomie des Klienten, ohne dessen eigenen Willen Hilfe
scheitern müsse: „Das Gefühl des Vollbringens und der Kraft, das
entsteht, wenn man selbst Herr über eine Schwierigkeit wird, ist
ein zu kostbares Gut, als dass man es irgendeinem Menschen vorenthalten dürfte" (ebd., 305). Die soziale Diagnose ist ein wichtiger Teil eines Gesamtkonzepts Sozialer Arbeit und Vorbild für die
Ausarbeitung einer bis dahin fehlenden Behandlungsmethode, die
Hilfe durch Beratung leistet (Feustel 2005, 21). Danach arbeitet sie
an einer *sozialen Kasuistik* mit Blick auf eine soziale Therapie, die
Siddy Wronsky weiterentwickelt (Wronsky/Salomon 1926), setzt
sich mit der Behandlung sozialer Probleme auseinander und kon-

zipiert – in Zusammenarbeit mit Arthur Kronfeld – ein *soziales Therapiemodell*, das sich am medizinischen Modell orientiert und sich Erkenntnisse der Psychoanalyse zu eigen macht (Wronsky/ Kronfeld 1932). Da hier die individuellen lebensgeschichtlichen Daten die sozialen Lebensverhältnisse überlagern, geht der doppelte Fokus verloren. Die Sozialarbeit erhält infolgedessen eine psychotherapeutische Ausrichtung, die aufgrund des in Deutschland herrschenden Faschismus allerdings ohne Bedeutung blieb. Salomons Werk wird durch die erzwungene Emigration in die USA beendet. Das von ihr konzipierte Bild der Sozialen Arbeit ist hingegen so aktuell, dass die zögerliche Rezeption ihrer Arbeiten unverständlich erscheint.

8.2   Methodenentwicklung bis zum Zweiten Weltkrieg

Diese Entwicklungsphase der Sozialen Arbeit ist doppelt begrenzt, zum einen durch den kriegsbedingten Abbruch der Entwicklung aller Sozialwissenschaften, zum anderen durch die totale Isolation durch den Nationalsozialismus, der die Sozialarbeit gleichschaltete und für seine Zwecke missbrauchte. In den USA dagegen konnte Soziale Arbeit auf der von Richmond geschaffenen Basis – getragen von sozialwissenschaftlichen Erkenntnissen und einem pragmatischen Empirismus – Expertenschaft in den unterschiedlichsten Arbeitsfeldern entwickeln. Ungeachtet aller Diversifizierung in den Handlungsvollzügen blieb die Einzelfallarbeit (*Generic Social Case Work*) die dominante Methode und das Synonym für Sozialarbeit; daran änderten auch Gruppen- und Gemeinwesenarbeit nichts. Gesellschaftliche Veränderungen und die Konfrontation mit den im Ersten Weltkrieg traumatisierten Soldaten nahmen Einfluss auf die Entwicklung. Sie lehrten die Sozialarbeit, dass nicht nur Armut, familiäre Schwierigkeiten, Krisen, Alter oder Krankheit die psychosoziale Gesundheit der Menschen bedrohen (Dorfman 1988, 11). Wachsende psychosoziale Probleme auch außerhalb der „typischen" Klientel führten zu einem enormen Aufschwung der therapeutischen Sozialen Arbeit und der Erkenntnisse der Psychoanalyse, die wie eine „nationale Krankheit" aufblühte.

8.2.1 Psychoanalyse und Sozialarbeit

Der Einfluss der Psychoanalyse auf die amerikanische *Social Work* geht auf eine Vortragsreise zurück, die Freud im Jahre 1909 gemeinsam mit Jung und Ferenczi unternahm. Der Funke der radikal erachteten Psychoanalyse sprang allerdings erst in den 30er Jahren auf die Sozialarbeit über. Die Verbindung baute sich durch Freud-Schüler und emigrierende jüdische Ärzte und Psychoanalytiker aus Deutschland auf (Belardi 1992, 36). Deren akademische Abschlüsse und professionelle Kompetenz wurden in den USA von den Berufsverbänden nicht anerkannt, weshalb sie häufig als Sozialarbeiter arbeiteten. Sie taten das, was sie gelernt hatten, und behandelten Klienten, teilweise auch in privaten Praxen. So auch der Nichtmediziner Rank, der sich schon zu Beginn der 20er Jahre von Freud löste, nach 1926 immer wieder Lehrverpflichtungen an der University of Pennsylvania an der *School of Social Work* übernahm und 1936 schließlich in die USA emigrierte. Rank (1936) ist der erste einflussreiche Lehrer, der tiefenpsychologische Einsichten für die sich entwickelnde *Clinical Social Work* formulierte (Dunlap 1996, 320).

Im Unterschied zu Deutschland, wo die Psychoanalyse lediglich unter den (Sozial-)Pädagogen Anerkennung fand, erschien das wissenschaftliche Rüstzeug der Tiefenpsychologie vielen amerikanischen Sozialarbeitern als Rettung aus den Tiefen der frustrierenden Arbeit mit einer schwierigen Klientel. Die deterministische Sicht auf die frühkindliche Lebensgeschichte und damit verbundene Probleme der Persönlichkeitsentwicklung und Lebensproblematik machte individuelles Verhalten erklärbar und vermittelte vielen Sozialarbeitern das Gefühl, am Prozess der Heilung teilzuhaben und damit zum Kreis der Psychiater und Psychologen zu gehören.

8.2.2 Schulen der Einzelfallhilfe

In den 20er und 30er Jahren war die Einzelfallarbeit dominiert vom psychoanalytischen Ansatz, eine Strömung, die mit Modifikationen bis in die späten 60er Jahre anhielt. Ziel der psychoanalytischen Einzelfallhilfe ist es, die innere Welt des Klienten bzw. seine Störungen mithilfe der Analyse prägender frühkindlicher und familiärer Erfahrungen zu verstehen, die es innerhalb einer therapeutischen Beziehung aufzuarbeiten galt. Grundlage der therapeutischen Arbeit war deshalb eine gründliche Erforschung der Lebensgeschichte (Anamnese und Diagnose), da Freud davon ausging, dass die Vergangenheit den Schlüssel zum Verständnis der Gegenwart enthält. Weiter basierte seine Arbeitsweise auf dem Konzept des Unbewussten und der freien Assoziation sowie auf einer therapeutischen Haltung von dynamischer Passivität.

Functional School: Gegen diesen Trend entwickelte sich unter dem Einfluss von Rank die *Functional School* von Pennsylvania, deren bekannteste Vertreterinnen Jessi Taft (1937) und Virginia Robinson sind, letztere veröffentlichte 1930 ihr Werk „A Changing Psychology of Social Work". Leitend für diese therapeutische Ausrichtung der *Case Work* waren Theorien von Mead, Lewin, Dewey und Thomas, die die menschliche Entwicklung als zielgerichteten Prozess betrachten (Dunlap 1996, 326). Sie formulierten ein humanistisches Menschenbild, das den Klienten mit freiem Willen und Verantwortung für sein Tun im Hier und Jetzt ausgestattet sieht. Diese Ausrichtung der *Case Work* verzichtete explizit auf die Exploration der Vergangenheit bzw. sah diese nur dann indiziert, wenn sie den laufenden Hilfeprozess unterstützen konnte (Cooper/Granucci 2002, 3). Da die Methode von der Annahme ausgeht, dass Menschen in einer helfenden Beziehung, die als Widerspiegelung des Alltags begriffen wurde, sich verändern und „wachsen" können, ist der Fokus auf diese Interaktion gerichtet. In einem von gegenseitigem Respekt und gemeinsamen Lernen geprägten Prozess des Helfens hat der Klient die Chance, sein Leben zu reflektieren und „die aus seiner Vulnerabilität erwachsenen Stärken zu entdecken und anzuwenden" (Dunlap 1996, 323; übers. von Geißler-Piltz).

Der Begriff *Functional School* ist irreleitend, da er lediglich einen Aspekt dieser „Schule" erfasst, die Orientierung auf die Aufgaben der *Agencies*, die zur Zeit der Depression ihre Zweckbestimmung unter Beweis stellen mussten. Nach Taft, die das funktionale Konzept entwarf, bestimmen Art und Kontext der Organisation der Sozialen Arbeit Zieldefinition, Inhalt, Dauer und Qualität der therapeutischen Beziehung (Dunlap 1996; 331). Unter dem Zwang der Rechtfertigung führte die *Functional School* eine Begrenzung der Dauer von Hilfeprozessen ein und forderte eine Qualitätssicherung durch Supervision. Dieser Methode, die von Smalley

(1974) weiterentwickelt wurde, hat die Klinische Sozialarbeit viele Impulse zu verdanken. Sie erscheint aktuell in der Betonung der Prozessqualität von Kurzzeit-Hilfeleistungen, die durch Reflexion und Supervision gesichert werden soll. Aus diesem Grunde verwundert es nicht, dass Rank derzeit wiederentdeckt wird.

Die *Functional School* konnte sich langfristig nicht gegen konkurrierende psychoanalytisch orientierte „Schulen" durchsetzen. Sie galt als starr und berücksichtigte mit ihrem Bezug auf die Arbeit innerhalb der *Agencies* das amerikanische Unabhängigkeitsdenken nicht ausreichend. Obgleich durch die Politik des *New Deals* kommunale und staatliche Sozialarbeit rasch expandierte, sahen sich viele Sozialarbeiter durch Bindungen an Organisationen ihrer Autonomie beraubt.

Diagnostic School: Wie bereits der Name ausdrückt, war für die sich zeitlich parallel herausbildende *Diagnostic School* eine gründliche Exploration der individuellen Lebensgeschichte zentral. Diese Ausrichtung, die als Vorläufer einer *Clinical Social Work* angesehen werden kann, ist durch so herausragende Sozialarbeiter wie Gordon Hamilton, Florence Hollis und Annette Garrett vertreten. Hamilton schreibt den Terminus *psychosozial* in ihrer Arbeit „Theory and Practice of Social Case Work" fest. Im Geiste von Richmond begreift sie die Probleme der Klienten als Zusammenspiel emotionaler und sozialer Kräfte, die gleichberechtigt nebeneinander existieren. Auf Hollis (1971) geht der Terminus *person-in-situation* zurück. In Präzisierung des doppelten Fokus erarbeitet sie ein psychosoziales Verständnis der Mehrdimensionalität menschlicher Entwicklung. Diese Perspektive ist im Verständnis der Klinischen Sozialarbeit zentral, da sie intra- und interpersonelle sowie gesellschaftliche Prozesse in einen systemischen Zusammenhang bringt. Eine wichtige Rolle spielte auch Bertha Reynolds, die sich für unterdrückte und marginalisierte Menschen engagierte. Sie war für die *Diagnostic School* die „große Unbequeme", die das soziale Gewissen wach hielt, gegen das medizinische Modell stritt und für die Stärkung der eigenständigen Position der Klienten eintrat. In der Studie „Between Client und Community" warnt sie vor einer isoliert psychologischen Sicht: „Doing Case Work seems to some like setting out desk chairs for the comfort of a few passengers when everyone on board a sinking ship should be manning the life boats" (Reynolds 1934, 125).

Nach Einschätzung von Dorfman (1988) gelang Helen Perlman mit ihrem *problemlösenden Fokus* eine Vermittlung zwischen dem Jahrzehnte andauernden Schulenstreit. Für sie ist der Prozess der psychosozialen Behandlung sowie die therapeutische Beziehung zentral. Die Systematik der Konstellationen von Problemstellungen und das Gespräch sind nach ihrem Konzept die methodischen Mittel in der Arbeit mit Klienten.

Die Entwicklung der amerikanischen *Case Work* tendiert in der Zeit der Depression, die mit der Verelendung breiter Bevölkerungsschichten einherging, deutlich zur radikalen Individualisierung und Psychologisierung sozialer Probleme. Andererseits, so Dorfman (1988, 15), geht die Soziale Arbeit aus dem andauernden Schulenstreit, der oft die Profession zu spalten drohte, auch gestärkt hervor. Die Auseinandersetzung ließ neue Theorien und Arbeitsweisen entstehen und öffnete sich für Familien- und Gruppenarbeit. Der hohe Methodenstandard forderte allerdings seinen Preis: Abkoppelung von der kommunalen Fürsorge und Konzentration auf Beratung und Behandlung in freier Praxis – mit der latenten Gefahr der Mittelschichtorientierung, die auch als Verrat an der eigenen Sendung beklagt wird (Specht/Courtney 1994).

8.3   Methodenentwicklung nach 1945

8.3.1 *Clinical Social Work als Therapy plus*

Nach dem Zweiten Weltkrieg spaltete ein neuer Konflikt die soziale Profession und stieß damit die Entstehung der *Clinical Social Work* an. Es war die Zeit der großen Reformen und sozialen Veränderungen in den USA (*Mental Health Act, Civil Rights Movement, War on Poverty*), die das Interesse an der beratenden und behandelnden Sozialarbeit sowie der Unterstützungsforschung enorm förderte. Breite Kreise der *radical social workers* erlebten die sozialen Ereignisse als Aufforderung, sich in politischen Auseinandersetzungen zu exponieren und die Anwaltschaft für Klienten zu übernehmen. Im dualen System von materieller Versorgung durch die Wohlfahrtsdienste und freien Praxen bzw. Beratungsstellen war gesellschaftliches Engagement eher bei den Angestellten der Verbände vorzufinden, die schlechter ausgebildet waren und große Fallzahlen zu bewältigen hatten. Aufgrund ihrer steigenden Anzahl waren sie allerdings in der Lage, die Ziele der Sozialen Arbeit in den Berufsverbänden zu majorisieren. Gegen heftigen Widerstand der klinisch Tätigen setzen sie durch, dass Bachelor-Abschlüsse in die *National Association of Social Work* (NASW) aufgenommen wurden. Mit dem Argument, dieser drohenden Dequalifizierung entgegenwirken zu müssen, entstand die Bewegung *Clinical Social Work*, aus der ein nationaler Berufsverband hervorging. Die klinisch Tätigen verbindet seitdem das Ziel, im Gesundheitssystem neben Ärzten und Psychologen durch hohe Qualitätsstandards wettbewerbsfähig zu sein. Selbstbewusst positionieren sie sich und ihre Dienste als *Therapy plus* (Dorfman 1988, 18), die die Behandlung von Einzelpersonen, Familien und Gruppen unter Berücksichtigung des situativen und sozioökonomischen Kontextes vorsieht. Die *National Association of Clinical Social Work* (NACSW) entwickelte international anerkannte wissenschaftliche und berufliche Standards einschließlich spezialisierter Ausbildung mit Master-Abschluss und Promotion, und die *Scientific Community* der CSW publiziert Fach- und Research-Zeitschriften von beachtlichem Niveau und großer Verbreitung.

Der *Clinical Social Work* ist eine Professionalisierung gelungen, die die gesamte Soziale Arbeit in den USA gestärkt hat. Voraussetzung war eine solide Ausbildung, darin stimmten schon Salomon und Richmond überein. Es gibt allerdings einen gravierenden Unterschied: Während in den USA die Sozialarbeiterausbildung bald in ein akademisches Studium integriert war, schlossen die deutschen Universitäten praxisorientierte Ausbildungen aus, wie sie auch jede Berührung mit dem Frauenstudium scheuten (Wendt 1995, 178 f).

8.3.2 Sozialarbeit im Gesundheitswesen

Die Machtübernahme der NSDAP im Jahre 1933 war für die Profession und ihr beruflich-ethisches Selbstverständnis katastrophal. Viele Praktikerinnen und Lehrende erhielten aufgrund politischer oder „rassenhygienischer" Gründe Berufsverbot, wurden enteignet, des Landes verwiesen oder in ein Konzentrationslager verschleppt. Die verbleibenden Fürsorgerinnen wurden den menschenverachtenden bevölkerungspolitischen und rassenhygienischen Zielen der NS-Ideologie verpflichtet, viele unterwarfen sich ihnen. Das weit über 1945 hinaus wirkende Reichsgesetz über die „Ver-

einheitlichung des Gesundheitswesens" vom Juli 1934 war das Instrument der nationalsozialistischen Volksgesundheitspflege, welches auch die Dienststellung der *Gesundheitsfürsorgerin* bestimmte und sie dem Arzt als Hilfskraft unterstellte (RGBl (Reichsgesetz-
blatt) 1935, 177 f): „Sie haben den Arzt durch Hausbesuche und
Hilfe in den Beratungsstunden ... Ermittlungen und Feststellun-
gen zu unterstützen und beratend eingreifen ..." darüber hinaus
konnten sie „ebenso wie das übrige ärztliche Hilfspersonal nebenher
zu Büroarbeiten des Gesundheitsdienstes herangezogen werden"
(Durchführungsverordnung zit. nach Zeller 1994, 165). Hier setzten sich die Amtsärzte mit ihrer seit 1918 erhoben Forderung nach
„niederem Personal" durch, das „widerspruchslos" den Anweisungen des „höheren Personals" Folge zu leisten hatte. Dies war ein
enormer Rückschritt, denn in der Weimarer Republik hatte es schon
Ansätze für gemeinsames Handeln gegeben („in jedem Armutsfall
ist ein psychologisches Problem gleichsam mitgegeben"; Hering/
Münchmeier 2000, 135).

  Für die Klinische Sozialarbeit bedeutet diese dunkle Phase der
deutschen Geschichte eine schwer zu überwindende Belastung. Die
Unterwerfung der Fürsorgerinnen wirkt in der Gesundheitsarbeit
lange nach und erklärt wohl auch die anhaltend unglückliche Liaison zwischen Medizin und Sozialarbeit.

8.3.3 Methodenrezeption: Innovation versus Vereinnahmung

Deutschland nach dem Faschismus war für die Überlebenden gekennzeichnet durch Verlust, Zerstörung, Not, Flucht und Vertrei-
bung. Es mangelte sowohl an Nahrung und Unterkunft als auch an
Arbeit und Zukunftsglauben. Versprengte Familien, Flüchtlinge,
verwahrloste Jugendliche, Soldaten und Ausgebombte irrten in einem Land von Greisen und Frauen umher, die zwangsweise *Män-
nerarbeit* übernahmen. In dieser Ausnahmesituation vollzog sich
gegen alle Erwartung ein Wandel von der so dringend benötigten
materiellen zur persönlichen Hilfe, der *eigentlichen* Aufgabe der
Sozialen Arbeit, denn nur „durch auf die Besonderheiten im einzelnen abgestellte Beratungs- und Hilfsmittel [ist] der Notlage eines Menschen beizukommen" (Nootbaar 1983, 295). So wird ein
„neues" Verständnis methodischen Arbeitens zum Selbstverständnis der frühen Nachkriegssozialarbeit.

Für eine breite Rezeption der *Case Work* sorgten deutschsprachige Emigrantinnen, die auf Einladung der Militärregierung oder der Wohlfahrtsverbände Fortbildungen für Fürsorgerinnen veranstalteten und Stipendien vergaben, die deutschen Sozialarbeitern Weiterbildungen in den USA ermöglichten. Dies fand nur in den von den Alliierten besetzten Westzonen statt, nicht in der „Sowjetisch-besetzten Zone". Dort arbeiteten Sozialarbeiter, unverändert den Ärzten unterstellt, vorwiegend in der *Dispensaire* Betreuung. So wurde die Einrichtung und Arbeitsmethode des staatlichen Gesundheitswesens bezeichnet, „in der diagnostische, therapeutische und prophylaktische Arbeit unter aktiver Beteiligung der Bevölkerung und der gesellschaftlichen Organisationen durchgeführt wurde" (Winter 1980, 258). In der neu entstandenen Deutschen Demokratischen Republik bestand offiziell nie Bedarf an einer personzentrierten Sozialarbeit, auch wenn es „halboffiziell" in der kirchlichen Sozialarbeit vereinzelt zur Übernahme der Einzelfallhilfe und anderer Methoden kam. *Osterfahrung* war die Erfahrung einer strikt zweigeteilten Sozialstruktur, in der es immer mindestens zwei sich widersprechende soziale Wirklichkeiten gab: die offizielle und die private, die sich nicht miteinander überschneiden durften (Selter 1998, 15). Da es nach außen nur die offizielle staatliche gab, beschränkten sich Informationen im Wesentlichen auf diese Wirklichkeitsebene.

In den Westzonen wurde die in den USA vorherrschende Methode gelehrt: *Social Case Work* oder *vertiefte Einzelfallarbeit*, wie es hier bald hieß. Die in dieser Methode vermittelte empathische und akzeptierende Haltung traf auf ein zutiefst verunsichertes berufliches Selbstbewusstsein von Fürsorgern, bei denen der Zusammenbruch Spuren von „Skeptizismus, Enttäuschung und politische Indifferenz hinterlassen" hatte (Dyckerhoff 1983, 236). Die Faszination dieser Lehre war enorm, aufgrund ihres positiven Menschenbildes und der humanen Prinzipien (z. B. Verzicht auf Kontrolle und Macht) sowie der Erklärung psychosozialer Probleme aus der Biografie des Individuums (Müller 1997, 76). Sie löste jedoch auch heftigen Widerstand aus, da die Einzelfallarbeit Kenntnisstand und innere Bereitschaft voraussetzte, sozialpsychische Probleme der Klientel anzuerkennen und ihnen mit anderen als sozialstaatlichen Mitteln begegnen zu wollen.

Die gezielte Verbreitung der Methode und der Beschluss, die neue Methodenlehre als Sonderfach in den Lehrpan zu übernehmen, wurde vor allem von den Praktikern nicht als Gewinn (Müller 1997, 85), sondern als Kolonialisierung wahrgenommen. Langfristig konnte eine Übertragung der *Social Case Work* auf deutsche Verhältnisse schon deshalb nicht gelingen, da der historisch-gesellschaftliche Kontext einer sich neu formierenden Sozialarbeit, die überwiegend in staatlichen Institutionen bzw. Ämtern anzutreffen war, zu wenig berücksichtigt wurde.

8.3.4 Methodenkritik aus Sicht der Sozialwissenschaften

In die insgesamt positive Entwicklung der methodischen Sozialarbeit schlug „die nun einsetzende Methodenkritik wie eine Bombe" ein (Schiller 1999, 178). Mit der massiven Kritik der Sozialwissenschaften an diskriminierenden Praktiken der Medizin und Psychologie geriet auch die Einzelfallhilfe in Verruf. Im Zentrum der Kritik stand die helfende Beziehung und der Vorwurf, soziale Probleme zu psychologisieren, psychische Störungen als selbstverschuldet zu begreifen (Baron et al. 1978, 123 ff). Eine weitere folgenreiche Kritik (Peters 1968, 70 ff) zielte auf die fehlende Überprüfbarkeit der Methode, die sich zwar anspruchsvoller, doch inhaltsarmer subjektiver Begriffe wie Haltung und Gefühl bediene, eine wissenschaftliche Fundierung hingegen vermissen lasse (Baron et al. 1978, 125):

„Diese Pseudowissenschaftlichkeit hat System, ohne sie könnte die Sozialarbeit nicht das sein, was sie gegenwärtig ist, nämlich eine ihrem Wesen nach konservative Institution, die die Mängel im System Sozialer Sicherung oberflächlich repariert und damit die gesellschaftlichen Ursachen der Mängel verschleppt."

Die kritische Infragestellung der Einzelfallhilfe galt der psychologisierenden, stigmatisierenden Begrifflichkeit und einer Haltung, die fälschlicherweise als autoritär begriffen wurde. Die Auseinandersetzung – befreit von politischen Floskeln – legt hingegen den Finger auf die Wunde der Einzelfallhilfe, die sich von ihren Wurzeln entfernt, da sie sich des sozialen Ansatzes beraubt. Mit ihrer Infragestellung wurden allerdings auch der gesellschaftliche Auftrag und das Selbstverständnis des Berufes *fragwürdig* und ließ die Kontroverse zwischen den historisch gewachsenen Aufgaben der Sozialen Arbeit aufleben, die Goldstein (1980, 173) für die USA

mit den Begriffen *people helper* versus *societal changer* passend um-
reißt.

In der frühen Phase der neu etablierten Fachhochschulen geriet
die Einzelfallhilfe in den Hintergrund und mit ihr der Diskurs über
die verschiedenen Arbeitsformen der Sozialarbeit sowie die Vermittlung von Handlungs- und Methodenkompetenzen in der Ausbildung (Neuffer 1990, 235 ff). Zum dritten Mal in 50 Jahren verlor
die Sozialarbeit in Deutschland auf diese Weise den internationalen Anschluss. Diese bedauerliche Entwicklung ist auch auf die
hochschulpolitischen Veränderungen zurückzuführen, die das Verhältnis der Sozialarbeit zu ihrer handlungspraktischen Seite nach-
haltig beeinflusste. Als Lehrende wurden in den 70er Jahren „Be-
zugswissenschaftler" berufen, die in der Regel von Universitäten
kamen. Da ihnen die Praxis Sozialer Arbeit kaum vertraut war,
waren sie wenig motiviert, ihr Fachwissen in die Weiterentwicklung der Profession zu investieren. Dies hatte zur Folge, dass das
entstandene Vakuum nicht durch die Soziale Arbeit, sondern durch
klinische Psychologie und psychotherapeutische Methoden gefüllt
wurde.

8.3.5 „Therapeutisierung" in den 70er und 80er Jahren

In der daraus folgenden *Therapiebewegung* – einer Reaktion auf
die Politisierung der 70er und 80er Jahre – wurden immer neue
psychotherapeutische Methoden entwickelt und wahllos in die Sozialarbeit übernommen. Großen Anklang fanden etwa Ideen der
Gemeindepsychologie, die denen des *Clinical Social Work* zum
Verwechseln ähnelten. Andere versuchten mit integrativen Methoden den Therapietrends zu begegnen. So schuf etwa das Life-Model (Germain/Gitterman 1983/1999) einen integrativen Rahmen für
die Sozialarbeit, der sich auf die Transaktionen zwischen Mensch
und Umwelt konzentriert.

Diese Zeit verursachte eine nachhaltige Verunsicherung des
methodischen Selbstbewusstseins (Galuske 1998, 129): „Es war der
Verlust der Gewissheit, über akzeptierte, zielsichere und problem-
adäquate Handlungsinstrumente zu verfügen." Zu Recht fühlten
sich Sozialarbeiter angesichts der komplexen Probleme ihrer Klienten von den Hochschulen im Stich gelassen. Rettung versprach –
erneut – ein sich ständig erweiterndes Methodenrepertoire der Psy-

chotherapie, das die Trennung zwischen Therapie und Sozialarbeit scheinbar auflöste. Vielfältige Weiterbildungsangebote der humanistischen sowie der kommunikationstheoretisch, verhaltens- und tiefenpsychologisch orientierten Psychotherapien erwiesen sich nicht immer als sinnvolle Ergänzung klassischer Konzepte vertiefter Einzelfallhilfe, da sie auf Voraussetzungen beruhten, die nur bedingt auf die Praxis der Sozialarbeit zu übertragen waren. Diese erst in den 80er Jahren auslaufende „Therapiebewegung" hat ohne Zweifel die Entwicklung der klinischen Sozialarbeit in Deutschland verzögert.

8.4   Zum Verhältnis von Medizin und Sozialer Arbeit

Die Geschichte der Klinischen Sozialarbeit wäre unvollständig ohne eine Darlegung der Bemühungen der Medizin um ihre verlorene soziale Dimension. Die massive sozialwissenschaftliche Kritik an den diskriminierenden Praktiken der Medizin verdeutlichte den Verlust der sozialen Dimension im medizinischen Handeln. Die hoch spezialisierte Apparatemedizin hatte unbestrittene Erfolge vorzuweisen, Probleme bereiteten hingegen die Erlebniskorrelate von Erkrankungen und Heilungsprozessen, die eine besondere Behandlung erforderten, für die Mediziner jedoch nicht ausgebildet sind. An den medizinischen Fakultäten und Fachhochschulen für Sozialwesen wurde deshalb eine neue Disziplin, die Sozial(e)-Medizin, eingeführt. Eine ihrer Aufgaben bestand darin, die soziale Dimension der Medizin lebendig werden zu lassen und ihr wieder zu den historischen Ursprüngen zu verhelfen (Kap. 1).

Die sich zu dieser Zeit „akademisierende" Soziale Arbeit versuchte, sich vom überlieferten biomedizinischen Fächerkanon und der darin wurzelnden fürsorgerisch-dienenden Haltung zu befreien. Künftige Sozialarbeiter sollten dem Leitbild einer eigenständig handelnden Profession entsprechen, die wissenschaftlich fundiert die psychosoziale Dimension von Störungen und Krankheiten selbstständig vertritt – komplementär zum medizinischen Handeln. Das expandierende und sich neu organisierende Arbeitsfeld der Gesundheitsarbeit bot der „jungen" Sozialarbeit Chancen dafür. Hier wurde ein Konzept von gesundheitsfördernder Sozialer Arbeit entwickelt, das sich gegenwärtig als Klinische Sozialarbeit versteht. Die sozialmedizinische und (sozial-)psychiatrische Literatur

jener Zeit macht auf die Dringlichkeit sozialtherapeutischer Behandlungsmethoden aufmerksam. Viefhues (1981, 114) betonte früh,
die Medizin bedürfe durchaus „sozialer Hilfe" und präzisierte:
„Auch vom Selbstverständnis der Sozialarbeit her gehört soziale
Therapie als integraler Bestandteil zu den Formen der Sozialarbeit
. . . [sie] vollzieht sich in Form von Planung, Vorbeugung, Beratung
und sozialer Behandlung".

Die Aufbruchstimmung der 70er Jahre konnte nur eine begrenzte
Zeit anhalten, da die Sozialarbeit nicht genügend vorbereitet war,
die an sie gestellten Anforderungen einzulösen. Insgesamt ist diese
Zeit noch kaum aufgearbeitet. Anfang der 80er Jahre, als das Angebot an Arbeitsplätzen größer war als die Nachfrage, gab es eine
„auffallende Abstinenz vor allem jüngerer Sozialarbeiter" (Bock
1979, 20) sich im Praxisfeld Gesundheit zu engagieren.

Die Dominanz der biomedizinisch geprägten, hierarchischen
Kultur schreckte wohl die neue Generation von Sozialarbeitern ab.
Das System der medizinischen Versorgung wurde von „Halbgöt-
tern in Weiß" dominiert und stand im Widerspruch zur sozialberuflichen Kultur, die dem Klienten zugestand, Experte seines
Lebens zu sein. Die Ausbildungsstätten versäumten es, die Sozialarbeit mit *klinischen* Erklärungs- bzw. Verstehensmodellen zu unterstützen. Ferner fehlte es an genuinen psychosozialen Behand-
lungskonzepten sowie an schlüssigen soziogenetischen Verstehensmodellen für Gesundheit und Krankheit, um Krankheit fokussieren
und sozialtherapeutisch bearbeiten zu können. Eine Ausnahme
bildeten sozialpsychiatrische Arbeitsfelder (Kap. 4).

8.5   Plädoyer für Klinische Sozialarbeit

Die verpassten Chancen der Vergangenheit setzen sich in der Gegenwart fort, wie die Kontroverse um Sinn und Aufgaben klinischer Sozialarbeit zeigt. Während die Profession die psychosoziale
Beratung zu Recht als ihre Kernkompetenz begreift, steht sie psychosozialen Interventionen oder der psychosozialen *Behandlung*
gestörter oder kranker Menschen skeptisch gegenüber. Behandlung wird ausgegliedert und der medizinisch-klinischen Behandlung und den ihr nahe stehenden Professionen – insbesondere Klinischer Psychologie und Psychotherapie – zugeordnet. Der Begriff
wird assoziiert mit Expertenmacht und Eingriffen in die Eigen-

ständigkeit der zu behandelnden Personen. Eine die eigenen Interventions- und psychosozialen Behandlungsmöglichkeiten nicht ausschöpfende defensive Haltung ist für die Schwierigkeiten der sozialen Profession im Gesundheitswesen somit zumindest mitverantwortlich.

Vor diesem Hintergrund wird verständlich, warum die Bemühungen zunehmen, eine klinische Variante der Sozialarbeit zu entwickeln. Einhellig wird hier die Ansicht vertreten, dass klinische Sozialarbeit einerseits mehr Gesundheit ermöglichen und andererseits die Profession stärken könnte, die es in den vergangenen Jahrzehnten nicht besonders gut verstand, sich in klinischen Feldern effektiv zu etablieren. Anscheinend möchte sich die Sozialarbeit nach langen „Magddiensten" für die Medizin (Ortmann/Schaub 2002) und einigen heftigen, doch nicht glücklich verlaufenden Affären mit unterschiedlichen Psychotherapieinhalten und -methoden, in denen sie bis zur Selbstaufgabe um Anerkennung rang, endlich verabschieden.

Der Vorsitzende der Deutschen Gesellschaft für Sozialarbeit, Wolf Rainer Wendt, machte 1995 auf die *Clinical Social Work* und ihre Erfolge aufmerksam. Es folgten ein Schwerpunktheft der Blätter der Wohlfahrtspflege (1998) und ein DGS-Symposion (2000) über die Notwendigkeit psychosozialer Beratung und Behandlung. Danach verbreitete der Arbeitskreis „Sozialarbeit und Gesundheit" ein *Plädoyer für Klinische Sozialarbeit* (2001), das von 19 Hochschullehrern unterzeichnet wurde, die sich für die Entwicklung der Klinischen Sozialarbeit aussprachen. Dieses Plädoyer hat sein Wirkung nicht verfehlt. Es war der Startschuss für die Gründung der Sektion Klinische Sozialarbeit in der DGS und für den Master-Studiengang Klinische Sozialarbeit, der in Anlehnung an die *Clinical Social Work* entwickelt wurde und 2001 an der Fachhochschule Coburg startete. In Kooperation mit der Alice-Salomon-Fachhochschule Berlin wurde dieser Studiengang erweitert und 2005 akkreditiert.

Der Blick auf die Geschichte der Klinischen Sozialarbeit lehrt, dass es an der Zeit ist, die Methodenentwicklung und Methodenintegration wieder ins Zentrum der gesundheitsbezogenen Sozialen Arbeit zu stellen und eine empirisch-theoretische Bestandsaufnahme vorzunehmen, um Indikationen, Verfahren und Wirkungen in der Praxis zu überprüfen. Die Klinische Sozialarbeit mit international anerkannter Qualifikation scheint hierfür eine solide Basis zu bieten. Sie ist überdies auf dem besten Weg, sich in Deutschland zu etablieren. Sowohl für die Praxis als auch für die Hochschulen stellt dies eine Herausforderung dar, da nur im Miteinander von Theorie und Praxis die notwendigen Anforderungen (z. B. Methoden- und Interventionskompetenzen, vertiefte Selbstreflexion, theoretische Fundierung und Forschungsbefähigung) theoretisch begründet und praktisch entwickelt werden können. Die Hochschulen haben in diesem Prozess die Aufgabe, die Klinische Sozialarbeit theoretisch-wissenschaftlich zu fundieren, ihre Praxis in klinischen Feldern zu erforschen und einschlägige Studiengänge mit dem Ziel der Befähigung zu klinischer Expertise weiterzuentwickeln und zu evaluieren.

9 Klinische Sozialarbeit – Anspruch und Wirklichkeit

Das im vorliegenden Band dargelegte Verständnis von Klinischer Sozialarbeit ist wohl begründet, sieht sich in der Ausbildung und Praxis allerdings noch erheblichen Widerständen gegenüber – von der Ablehnung durch konkurrierende Professionen ganz zu schweigen. In Form eines Fazits werden daher zusammenfassend Grundgedanke und Anspruch klinisch-sozialer Professionalität (Kap. 9.1) formuliert und mit der derzeitigen Wirklichkeit (Kap. 9.2) verglichen; dies drückt sich in Argumenten für und gegen Klinische Sozialarbeit aus. Die Diskrepanz von Anspruch und Wirklichkeit kann kaum überraschen, sollte hingegen auch nicht entmutigen. Aus diesem Grunde werden abschließend Chancen und Perspektiven (Kap. 9.3) der in Konturen bereits erkennbaren klinischen *Fachsozialarbeit* aufgelistet – die aufbricht, ihr Profil zu schärfen und international Anschluss zu finden.

9.1 Anspruch und Leitidee

Als Auslöser der Forderung nach Klinischer Sozialarbeit gelten die Vernachlässigung, ja Geringschätzung, der *Methodenlehre* an Fachhochschulen und die Suche nach handlungsleitenden Konzepten für eine qualifizierte Beratung und Behandlung. Soweit dies für besonders schwierige Situationen und für die Arbeit mit besonders belasteten Personen und Gruppen erforderlich ist, liegt der Gedanke (und Begriff) des klinischen Handelns nahe. Die komplementäre Funktion zu den im Gesundheitswesen etablierten „klinischen" Professionen wird durch die Betonung des *sozialen* Aspektes deutlich, der in den Begriffen psychosozial und klinisch-sozial treffend zum Ausdruck kommt. Sie sind programmatisch und praxeologisch gleichermaßen bedeutsam.

Die Verbesserung der klinisch-sozialen Handlungsfähigkeit und Wirksamkeit ist originäres Anliegen der Fachkräfte und der Klientel Sozialer Arbeit. Daneben spielen weitere Interessen eine Rolle, wie die Aufwertung des Berufes, die Entwicklung von Profession und Disziplin, die Anerkennung durch andere Professionen, verlässliche Qualitätssicherung und verbürgte Standards – um nur die wichtigsten zu nennen. Im Kern aber geht es um die Optimierung gesundheitsfördernder Sozialarbeit, die person- und situationsgerecht handelt und dazu ein fachliches Profil benötigt, das über die grundständige „generalistische" Qualifizierung hinausgeht.

Sofern diese *Höherqualifizierung* nach Wissen, Können und Haltung bezüglich klinischer Praxis und Methodensicherheit ein unverwechselbares Profil schafft, kann von *Fachsozialarbeit* gesprochen werden; Klinische Fachsozialarbeit

- bringt wichtige Aufgabenbereiche auf den Begriff
- benennt (Mit-)Zuständigkeit für Gesundung bzw. Heilung
- stärkt die Gesundheitsrelevanz und -kompetenz
- positioniert Soziale Arbeit gegenüber Gesundheitsberufen
- wertet die Profession auf und schärft das Profil
- wirkt einer diffusen „Allzuständigkeit" entgegen
- bietet neue Einsatzmöglichkeiten und Karrierechancen
- ermutigt zu Theoriearbeit und Forschung
- trägt zur Wissenschaftsentwicklung bei
- macht anschlussfähig an Gesundheitswissenschaften
- gibt Anstöße zur Methodenentwicklung
- legitimiert Soziale Arbeit in Behandlungskontexten
- zwingt zur Weiterentwicklung von Profession und Disziplin

Insgesamt betrachtet schafft dies das erforderliche Gegengewicht zur Überakzentuierung ökonomischen und administrativen, aber auch pädagogischen Denkens in der Sozialen Arbeit.

Neben der unmittelbaren Bedeutung für die Praxis ist die Auswirkung auf berufliche Sozialisation, Lehre und Forschung hervorzuheben. Wissenschaftsbasierte Ausbildung, forschungsgestützte Erkenntnisgewinnung im klinischen Feld, psychosozial akzentuiertes Erklärungs- und Veränderungswissen, verbunden mit der notwendigen Methodenkompetenz für klinisch-soziale Interventionen, sind weitere Argumente. Hinzu kommen die Präsenz in einer Fachöffentlichkeit, die der Sozialarbeit und Sozialpädagogik oft noch skeptisch gegenübersteht, aber auch die Übernahme eines Teils der gesellschaftlichen Verantwortung für marginalisierte Menschen und der Aspekt einer *integrierten Versorgung*, die nicht nur von der Interdependenz somatischer, psychischer und sozialer Faktoren spricht, sondern diese Erkenntnis auch beherzigt. Angesichts der Komplexität der Probleme wie auch der Hilfesysteme wird dies in der Regel in multiprofessionellen Arrangements geschehen, in denen Klinische Sozialarbeit eine tragende Rolle übernehmen soll. Darin wird sie insbesondere die soziale Komponente vertreten, wenn sie psychosozialen Belastungen nachspürt und die betroffenen Menschen bei ihren Bewältigungsversuchen kompetent unterstützt.

Die *Multiprofessionalität* der Praxis findet ihr Pendant in der *Transdisziplinarität* der Ausbildung. Ihre spezifische patientenbezogene Fachlichkeit kann dann durchaus als klinisch bezeichnet werden, ohne damit einer Medikalisierung des Sozialen Vorschub zu leisten. Vielmehr soll das psychosoziale Paradigma in „Behandlungskontexten" (Wendt) gleichberechtigt neben dem medizinischen stehen.

9.2   Widerstände und Widrigkeiten

Von diesem Anspruch ist die Wirklichkeit noch weit entfernt. Berufspolitische Interessenkonflikte und strukturelle Mängel, etwa bei der Integration von medizinischem und psychosozialem Versorgungsbereich, sind ebenso Realität, wie die generelle Abwertung psychosozial-therapeutischer Methoden und das Unvermögen, psychosoziale Beratung und Behandlung zu respektieren und zu fördern. Diese als „mindere Psychotherapie" oder *Psychotherapeutisierung* zu denunzieren, hieße, die Bedeutung der sozialen Dimension in der Gesundheitsarbeit weiterhin zu verkennen und auf einen substanziellen Beitrag der Sozialarbeit zu verzichten. Die Ambivalenz der Auftraggeber zeigt sich darin, dass der Sozialen Arbeit einerseits schwierigste Klienten anvertraut werden – demoralisiert, therapieresistent, schwer erreichbar, am Rande der Gesellschaft lebend – mit denen keine andere Disziplin zurechtkommt, ihr aber andererseits die Mittel und Methoden vorenthalten werden, um auf bestmögliche Weise mit diesen Menschen zu arbeiten. Das könnte auch zynisch genannt werden.

Die Hochschulen müssen sich ebenso wie die Fach- und Berufsverbände vorwerfen lassen, die Entwicklung von Konzepten für klinische Kompetenzen lange versäumt und ihre Absolventen (wie die gesamte Soziale Arbeit) für neue Interventions- und Hilfeformen, die andere Organisation, Finanzierung und interdisziplinäre Kooperation mit sich bringen, nicht angemessen vorbereitet zu haben. Dass es dennoch zu einem Neubeginn klinisch-sozialer Ausbildung kam ist engagierten Hochschullehrern zu verdanken, die sich in der gleichnamigen Sektion organisierten.

Die Diskussion um Klinische Sozialarbeit löste bezeichnenderweise mit der Grundsatzdebatte um Spezialisierung erhebliche Unruhe aus – nicht nur in der eigenen Berufsgruppe. Erinnert sei an die *professional wars* im Gesundheitswesen, die sich im Widerstand etablierter Gesundheitsberufe zeigten, wenn diese ihre Monopolstellung bedroht sahen. Ungeachtet geringer (psycho-)sozialer Eigenkompetenz fällt es Heilberufen offenbar schwer, dies als angestammte Sozialarbeitsaufgabe anzuerkennen. Das mag zum Teil an mangelnder Kenntnis liegen, an der die Soziale Arbeit allerdings mitschuldig ist. So ist es noch nicht gelungen, zumindest der Fachwelt, und damit den wichtigsten Institutionen und Kooperationspartnern, ihr sozialberufliches Proprium zu vergegenwärtigen. Allzu oft wird sie als berufliche Restkategorie wahrgenommen, die erst auf den Plan tritt, wenn etablierte Professionen nicht weiterarbeiten können oder wollen. Wenn nun diese gering geachtete Berufsgruppe sogar klinisch-therapeutische Ansprüche anmeldet, stößt sie zwangsläufig auf Ablehnung – extern und intern – mit folgenden Argumenten:

- Medikalisierung des Sozialen
- Gefahr der Klientelisierung
- unzureichende Methodenkompetenz
- Akzeptanzprobleme bei „richtigen" Klinikern
- fehlende heilberufsrechtliche Anerkennung
- Mangel an einschlägigen theoretischen Grundlagen
- Abwertung grundständiger Sozialarbeit
- Förderung von Rivalitäten
- Rückfall in Defizitorientierung
- Verlust generalistischer Kompetenz

Insgesamt drückt sich darin die Sorge vor dem Eindringen konkurrierender Personen und Konzepte in den etablierten klinischen Bereich aus, verbunden mit Zweifeln an der theoretischen Fundierung und berufspraktischen Kompetenz Klinischer Sozialarbeiter, deren Profil und Berufsbild selbst von der eigenen Zunft noch infrage gestellt wird.

Daraus folgen aber auch die *vordringlichen Aufgaben*, die Fachlichkeit weiterzuentwickeln, Standards zu definieren und deren Einhaltung zu gewährleisten, die Wirksamkeit zu belegen sowie die Fachöffentlichkeit zu überzeugen, da nur auf diese Weise die erwünschte professionelle Anerkennung zu erreichen ist und ihre klinische Spezialisierung als beratend-behandelnde Disziplin im Gesundheitswesen wahrgenommen und respektiert wird. Schließlich bestätigt die Entwicklungsdynamik der letzten Jahre die Dringlichkeit fachlicher Spezialisierung:

- 1998: erstes Themenheft Klinische Sozialarbeit (BdW)
- 1999: erste klinische Studienrichtung (Coburg)
- 2000: DGS-Symposion und DVSK-Bundeskongress zum Thema
- 2001: Plädoyer für Klinische Sozialarbeit, Gründung ZKS-Coburg, Debatte in Fachzeitschriften
- 2002: diverse Sammelbände, erste Zertifizierungen der ZKS, Master-Studiengänge KlinSA
- 2003: Gründung der Sektion Klinische Sozialarbeit
- 2004: Lehrbuch Pauls, Akkreditierung Master-Studiengänge
- 2005: Fachzeitschrift „Klinische Sozialarbeit – Zeitschrift für psychosoziale Praxis und Forschung"

Die zuvor angedeuteten Widerstände und Widrigkeiten konnten demzufolge die Ausprägung klinisch-sozialer Fachlichkeit nicht verhindern. Ihre weitere Entwicklung bleibt jedoch eine ständige Aufgabe in Praxis, Lehre und Wissenschaft.

9.3   Chancen und Perspektiven

Die beruflichen Perspektiven sind mit den klinisch-sozialen Master-Studiengängen, der Zertifizierung klinischer Fachsozialarbeiter, der Anerkennung psychosozialer Beratung und Behandlung einschließlich sozialer (Psycho-)Therapie sowie mit dem Beginn integrierter Versorgung bereits angedeutet. Daran sind Erwartungen und Chancen von *Praxis und Profession*, *Theorie und Forschung* sowie *Ausbildung und Lehre* geknüpft:

Gesellschaftliche und professionelle Praxis: Für die auftraggebende Gesellschaft und die (potenziellen) Klienten erhöhen sich mittels Klinischer Sozialarbeit die Chancen, mit Einschränkungen besser zurechtzukommen *und* die prekären Bedingungen zu verbessern, unter denen marginalisierte und besonders vulnerable Menschen leiden. Das gilt für das gesamte Sozial- und Gesundheitswesen, da der Zugang zu den Deklassierten und ihre Befähigung und Motivierung im Wesentlichen der Sozialarbeit aufgetragen ist. Daher können Sozialarbeiter ihre Zuständigkeit und Mitverantwortung für das Wohl dieser Klienten auch nicht einfach an andere abgeben, sondern müssen die eigene Fachlichkeit ausbauen. Nicht nur in Institutionen des Gesundheitswesens wird die klinisch-soziale, personzentrierte „direkte Praxis" an Bedeutung gewinnen, da immer mehr Menschen Hilfestellung bei der Bewältigung des Alltags brauchen. Die wachsende Gesundheits- und Seniorenwirtschaft und der ökonomische Druck des Arbeitsmarktes bewirken zudem, dass mehr Sozialarbeiter ihre Beratungsdienste freiberuflich anbieten. So lebt beispielsweise die Idee der Kooperation von Gemeinschaftspraxen und Sozialarbeit in der Suchtbehandlung wieder auf und könnte ein Modell für gemeinschaftliche Hausarztpraxen sein, die in ihrer neuen Rolle auf klinisch-soziale Unterstützung (z. B. Sozialanamnese) angewiesen sind. Insgesamt halten wir die Klinische Sozialarbeit für eine *professionspolitische Option*, die aus der Defensive herausführt und der Sozialen Arbeit als Ganzes hilft, Profession im Vollsinne zu werden und die Balance von politischer, sozialräumlicher und klientenzentrierter Perspektive zurückzugewinnen.

Theorie und Forschung: Klinische Sozialarbeit ist Ausdruck der Befähigung und Bereitschaft des Berufsstandes, eigenständig Aufgaben der Prävention und Beratung zu übernehmen und im Rahmen von Krankenbehandlung diagnostisch, therapeutisch, rehabilitativ und sozial-integrierend mitzuwirken. Sie wird sich nicht darauf beschränken, Theorien der so genannten Bezugswissenschaften zu nutzen, sondern vielmehr eigene Erfahrungen auswerten und selbst Erkenntnisprozesse organisieren, d. h. eigene Forschung betreiben und das gewonnene Wissen systematisieren und in Theorien abbilden. Ihr Selbstverständnis als *sozialarbeitswissenschaftliche* Fachdisziplin rückt die *Handlungsforschung* ins Zentrum, die anwendungsbezogen Wissen generiert und wissenschaftlich absichert. Um international und transdisziplinär Anschluss zu finden (*Evidence-based Social Work*) steht dabei neben der Erforschung belastender und gesundheitsfördernder Faktoren und Lebenswelten (Analyse) der Nachweis der Wirksamkeit ihrer Handlungskonzepte

(Evaluation) und die Qualitätssicherung im Vordergrund. Als *Sozialarbeitsforschung* bedient sie sich der quantitativen und qualitativen Methoden der empirischen Sozialforschung.

Ausbildung und Lehre: Einrichtungen mit klinisch-sozialen Aufgabenstellungen werden in Zukunft weniger bereit sein, Absolventen ohne entsprechende Qualifikation einzustellen. Insofern besteht nicht die Gefahr, dass höher qualifizierte Sozialarbeiter nicht vom Markt verlangt würden, sondern vielmehr, dass die Bedarfslücke fachfremd geschlossen wird. Die geforderte praxeologische Ausrichtung der Disziplin muss daher ihr Pendant in der Ausbildung finden. Diese gewinnt mit der Fokussierung auf (Be-)Handlungsmethoden und klinische Spezialisierung an Vielfalt und fachlicher Vertiefung, die auf dem Master-Niveau zu den etablierten Professionen aufschließt. Ausbildungsstandards werden künftig verbürgt und Handlungskompetenzen per Zertifizierung bzw. Lizensierung gewährleistet sein. Für den gesamten Berufsstand kann dies nicht hoch genug eingeschätzt werden, da es nicht weniger als den Einstieg in die neue Qualifikationsstufe *Fachsozialarbeit* bedeutet.

All dies hat unmittelbare Auswirkungen auf die Ausbildung, die diesen Anforderungen genügen soll und dazu neue Inhalte und angemessene Lehr-Lern-Formen entwickeln wird. Was bisher einem unübersichtlichen Weiterbildungsmarkt überlassen war, der – kaum kontrolliert – auf die Nachfrage nach Beratungs- und Behandlungskompetenz reagierte, wird nun postgradual in akkreditierten Studiengängen auf hohem Niveau angeboten. Damit erübrigt sich auch der Umweg über andere Studienabschlüsse mit Verlust der Sozialarbeitsidentität. Die Chancen der beratend-behandelnden Fachsozialarbeit wachsen in dem Maße, in dem ihre multimodalen Interventions- und Therapieansätze – auch bei klassisch medizinischen Aufgaben wie Rückenproblemen oder Depressionen – auf effiziente Weise Erfolge erzielen *und* die interprofessionelle Kooperation gelingt. So fragwürdig der Begriff „klinisch" zunächst schien, so treffend bringt er doch einen Kompetenzbereich der Sozialarbeit zum Ausdruck, der bislang vernachlässigt wurde. Er wird sich daher – wie im internationalen Sprachgebrauch – durchsetzen und sollte selbstbewusst gebraucht werden. Voraussetzung ist der Nachweis klinisch-sozialer Kompetenzen, die in den neuen

Ausbildungskonzepten im Zentrum stehen und die klinisch akzentuierten Master-Studiengänge kennzeichnen. Zu den Perspektiven gehört aber auch, dass einschlägige Qualifikationsmerkmale durch außeruniversitäre Weiterbildung und klinische Praxis erworben werden und kumulativ zum Master-Abschluss führen können.

Fazit: Die Klinische Sozialarbeit befähigt zu eigenständigem sozialprofessionellem Handeln in Behandlungskontexten. Sie ist, komplementär zur biosomatischen Medizin und einer sich immer störungsspezifischer ausrichtenden Psychotherapie, *die* Profession und Disziplin, die den *sozialen* Menschen mit seinen psychosozialen Belastungen und Krisen, Behinderungen und Nöten in und mit seinem Umfeld wahrnimmt und in vernetzter gemeindenaher Kooperation (be-)handelt – mit Respekt und in Kenntnis seiner Biografie und Familie und unter Einbeziehung seiner Arbeitswelt, Freunde und Lebenslage.

Sie macht ihre Klienten und Patienten nicht zu Objekten einer Intervention, sondern achtet ihre autonome Lebensführung, ihre Werthaltungen, ihr Selbstverständnis und das ihrer Angehörigen mit dem vorrangigen Ziel der Befähigung zum Erkennen und Bewältigen prekärer Situationen – als Koproduzenten einer gemeinsamen Leistung (Schneider). Klinische Sozialarbeit ist *nicht* identisch mit Sozialarbeit in Kliniken und *nicht* an Krankheitsdefinitionen gebunden. Sie ist ferner keine neue Erfindung, sondern zuerst Sozialarbeit im besten Sinne – mit geschärftem Profil für die klassische Aufgabe der Expertenschaft sozialer Beratung, Behandlung und Begleitung. Dies nicht nur pragmatisch zu verstehen, sondern sozialarbeitswissenschaftlich zu begründen, theoretisch zu fundieren und methodisch zu entfalten, ist Herausforderung und Chance an der Schwelle zur Qualifikationsstufe Fachsozialarbeit. Sie muss sich als praxeologische Wissenschaft in der akademischen Welt und als Profession in multiprofessionellen Teams bewähren – vor allem aber in der Unterstützung und Befähigung Rat suchender und hilfebedürftiger Menschen, dem zeitlosen Ziel jeglicher Sozialarbeit.

Literatur

Altgeld, T., Hofrichter, P. (Hrsg.) (2000): Reiches Land – kranke Kinder? Gesundheitliche Folgen von Armut bei Kindern und Jugendlichen. Frankfurt

American Board of Examiners in Clinical Social Work: Professional Development and Practice Competencies in Clinical Social Work. http://www.abecsw.org/info/org/i_overview.shtml (letzter Zugriff: 4.5.2005)

Ansen, H. (2000): Klinische Sozialarbeit und methodisches Handeln. Sozialmagazin 2, 16–25

– (2001): Ambulante Soziotherapie. Blätter der Wohlfahrtspflege 3/4, 72–75

–, Gödecker-Geenen, N., Nau, H. (2004): Soziale Arbeit im Krankenhaus. München/Basel

Antonovsky, A. (1979): Health, Stress, and Coping. San Francisco

– (1997): Salutogenese. Zur Entmystifizierung der Gesundheit. Deutsche Ausgabe von Franke, A. Tübingen

Arbeitskreis Sozialarbeit und Gesundheit (2001): Plädoyer für klinische Sozialarbeit als Fachgebiet der Sozialen Arbeit. Theorie und Praxis der Sozialen Arbeit 8, 315–317

Arnold, U., Maelicke, B. (Hrsg.) (2003): Lehrbuch der Sozialwirtschaft. Baden-Baden

Bandura, A. (1977): Self-Efficancy: Toward a Unifying Theory and Practice. Thousand Oaks

Baron, R., Dyckerhoff K., Landwehr, R., Nootbaar, H. (1978): Sozialarbeit zwischen Bürokratie und Klient – die Sozialpädagogische Korrespondenz 1969–1973. Reprint. Offenbach

Bäuml, J., Pitschel-Walz, G.(Hrsg.) (2003): Psychoedukation bei schizophrenen Erkrankungen. Stuttgart

Batra, A., Fagerström, K. O. (1997): Neue Aspekte der Nikotinabhängigkeit und Raucherentwöhnung. Sucht 43, 277–282

Beck, U. (1986): Risikogesellschaft: Auf dem Weg in eine andere Moderne. Frankfurt a. M.

Becker, P. (2003): Anforderungs-Ressourcen-Modell in der Gesundheitsförderung. In: BZgA (Hrsg.). Schwabenheim, 13–15

Beer, R. (1998): Klinische Sozialarbeit im Krankenhaus. Blätter der Wohlfahrtspflege 145, 9–10

Belardi, N.(1992): Supervision. Von der Praxisberatung zur Organisationsentwicklung. Paderborn

Bellak, L. (1975): Das Stachelschweindilemma. Hamburg

Bergold, J., Schürmann, I. (2001): Krisenintervention – neue Entwicklungen? Verhaltenstherapie und psychosoziale Praxis 1, 5–15

Bock, T. (Hrsg.) (1979): Medizin und Sozialarbeit. Freiburg i. Br.

Borrmann, S. (2004): Die Berufsethischen Prinzipien des DBSH – Ethische Dilemmata und ein Lösungsvorschlag. Forum Sozial 3, 12–14

Bosshard, M., Ebert, U., Lazarus, J. (1999): Sozialarbeit und Sozialpädagogik in der Psychiatrie. Bonn

Brandell, J. R. (Hrsg.) (1997): Theory and Practice in Clinical Social Work.
New York

Braun, K., Bogerts, B. (2001): Erfahrungsgesteuerte neuronale Plastizität.
Bedeutung für Pathogenese und Therapie psychischer Erkrankungen.
Nervenarzt 1, 3–8

Brieskorn-Zinke, P., Köhler-Offierski, A. (1997): Gesundheitsförderung in
der Sozialen Arbeit. Freiburg i. Br.

Bühringer, G., Augustin, R., Bergmann, E. (2000): Alkoholkonsum und
alkoholbezogene Störungen in Deutschland. Baden-Baden

Bundesministerium für Familie und Senioren (Hrsg.) (1993): Familie und
Beratung. Gutachten des Wissenschaftlichen Beirates für Familien-
fragen. Schriftenreihe des BMS. Bd. 16. Stuttgart

Bundeszentrale für gesundheitliche Aufklärung (BZgA) (Hrsg.) (2003):
Leitbegriffe der Gesundheitsförderung. 4. Aufl. Schwabenheim

Buttner, P. (1996): Die Wirksamkeit psychoedukativer Verfahren in der
Schizophreniebehandlung. In: Atark, A. (Hrsg.). Verhaltenstherapeu-
tische und psychoedukative Ansätze im Umgang mit schizophren Erkrankten. Tübingen

Cooper, M. G., Granucci, L. J. (2002): Clinical Social Work. An Integrated
Approach. Boston

Cournoyer, B. (1996): The Social Work Skills Workbook. 2. Aufl. Pacific
Grove

Cowles, L. (2000): Social Work in the Health Field. A Care Perspective.
New York

Crefeld, W. (2002): Klinische Sozialarbeit – nur des Kaisers neue Kleider?
In: Dörr, M. (Hrsg.): Klinische Sozialarbeit. Hohengehren, 23–39

Deutscher Berufsverband für Soziale Arbeit (DBSH) (Hrsg.) (1998):
Berufsethische Prinzipien des DBSH. Professionell handeln auf ethischen Grundlagen. Essen

Deutsche Gesellschaft für Sozialarbeit (DGS) (Hrsg.) (2000): Die Arbeits-
kreise. www.fh-fulda.de/dgs/dgskreis.htm

Dorfman, R. A. (1988): Paradigmas of Clinical Social Work. Bd. 1. New York

– (1996): Clinical Social Work: Definition, Practice und Vision. New York
Dörr, M. (Hrsg.) (2002): Klinische Sozialarbeit. Hohengehren
– (2005): Soziale Arbeit in der Psychiatrie. München/Basel
Dunlap, K. M. (1996): Functional Theory and Social Work Practice. In: Turner, F. J. (Hrsg.): Social Work Treatment. Interlocking Theoretical Approaches. New York, 319–340
Dyckerhoff, C. (1983): Die Fürsorge in der Nachkriegszeit. In: Landwehr, R., Baron, R. (Hrsg.): Geschichte der Sozialarbeit. Weinheim, 219–249

Eikelmann, B., Reker, T., Albers, M. (Hrsg.) (1999): Die psychiatrische Tagesklinik. Stuttgart
Elias, N. (1976): Über den Prozess der Zivilisation. Soziogenetische und psychogenetische Untersuchungen. Bd. 2: Wandlungen der Gesellschaft. Entwurf zu einer Theorie der Zivilisation. Frankfurt a. M.
Engel, G. L. (1977): The Need for a New Medical Modell. A Challenge for Biomedicine. Science 196, 129–136

Fegert, J. M. (2001): Jugendhilfe und Jugendpsychiatrie – Konkurrenz oder Kooperation? In: 10. AGJ-Gespräch. Schwierigkeiten und Chancen im Verhältnis von Psychiatrie und Jugendhilfe, Arbeitsgemeinschaft für Jugendhilfe, Berlin
–, Schrapper, C. (Hrsg.) (2004): Handbuch Jugendhilfe – Jugendpsychiatrie. Interdisziplinäre Kooperation. Weinheim
Ferenczi, S. (1988): Ohne Sympathie keine Heilung, Frankfurt a. M.
Feustel, A. (2004): Soziale Diagnose und Therapie – Konzeption von Alice Salomon. In: Geißler-Piltz, B. (Hrsg.): Psychosoziale Diagnose und Behandlung in Arbeitsfeldern Klinischer Sozialarbeit. Münster, 20–31
Filipp, S. (Hrsg.) (1990): Kritische Lebensereignisse. München
Filsinger, D., Homfeldt, H. G. (2001): Gesundheit und Krankheit. In: Otto, H.-U., Thiersch, H. (Hrsg.), 705–715
Frank, J. D. (1961/1992): Persuasion and Healing. Baltimore (Dt.: Die Heiler. Wirkweisen psychotherapeutischer Beeinflussung. Stuttgart 1981/1992)
Frankl, V. E. (1983): Das Leiden am sinnlosen Leben. 7. Aufl. Freiburg i. Br.
Franzkowiak, P., Wenzel, E. (2001): Gesundheitserziehung und Gesundheitsförderung. In: Otto, H. U., Thiersch, H. (Hrsg.), 716–722

Gahleitner, S. (2005): Neue Bindungen wagen. Beziehungsorientierte Therapie bei sexueller Traumatisierung. München
Galuske, M. (1998): Methoden der Sozialen Arbeit. Weinheim
Geißler-Piltz, B. (2002): On Stage! Klinische Sozialarbeit – Master of Social Work. Alice, Magazin der Alice-Salomon-Fachhochschule Berlin 5, 4–8

- (Hrsg.) (2005): Psychosoziale Diagnose und Behandlung in Arbeitsfeldern Klinischer Sozialarbeit. Münster

Germain, C., Gitterman, A. (1983/1999): Praktische Sozialarbeit. Das „Life Model" der Sozialen Arbeit. 2. Aufl. Stuttgart

Giddens, A. (1991): Modernity and Self-Identity: Self and Society in Late Modern Age. Cambridge

Gödecker-Geenen, N., Nau, H. (Hrsg.) (2002): Klinische Sozialarbeit. Eine Positionsbestimmung. Münster

-, -, Weis, I. (Hrsg.) (2003): Der Patient im Krankenhaus und sein Bedarf an psychosozialer Beratung. Eine empirische Bestandsaufnahme. Münster

Goldstein, E. (1980): Knowledge Base of Clinical Social Work. Social Work, 173–178

Göpel, E. (Hrsg.) (2004): Gesundheit bewegt. Wie aus einem Krankheitswesen ein Gesundheitswesen entstehen kann. Frankfurt a. M.

Greene, R. R. (2002): Resiliency. An Integrated Approach to Practice, Policy and Research, Washington D. C.

Grawe, K. (2004): Neuropsychotherapie. Göttingen

Habermas, J. (2001): Die Zukunft der menschlichen Natur. Auf dem Weg zu einer liberalen Eugenik? Frankfurt a. M.

Hahlweg, K., Dürr, H., Müller, U. (1995): Familienbetreuung schizophrener Patienten. Ein verhaltenstherapeutischer Ansatz zur Rückfallprophylaxe. Konzepte, Behandlungsanleitung und Materialien. Weinheim

Hamilton, G. (1940): Theory and Practice of Social Case Work. New York

Hare, I. (2004): Defining Social Work for the 21st Century. The International Federation of Social Workers' Revised Definition of Social Work. International Social Work 47, 3, 407–424

Harnach-Beck, V. (1997): Psychosoziale Diagnostik in der Jugendhilfe – Grundlagen und Methoden. Reihe: Soziale Dienste und Verwaltung. Weinheim

Hedtke-Becker, A. (1999): Die Pflegenden pflegen. Gruppen für Angehörige pflegebedürftiger alter Menschen. Eine Arbeitshilfe. 2. Aufl. Freiburg i. Br.

Hedtke-Becker, A., Hoevels, R., Schwab, M. (Hrsg.) (2003): (Familien-) Medizin und Sozialarbeit – ein Kooperationsmodell. Biopsychosoziale Behandlung chronisch kranker Menschen im internistischen Krankenhaus. Hockenheim

Heiner, M. (Hrsg.) (2004): Diagnostik und Diagnosen in der Sozialen Arbeit. Ein Handbuch. Frankfurt a. M.

Hering, S., Münchmeier, R. (2000): Geschichte der Sozialen Arbeit. Weinheim

Hey, G. (2000): Perspektiven der Sozialen Arbeit im Gesundheitswesen. Lage

Hollis, F. (1971): Soziale Einzelfallhilfe als psychosoziale Behandlung. Freiburg i. Br.

Homfeldt, H. G. (Hrsg.) (1999): „Sozialer Brennpunkt": Körper. Körpertheoretische und -praktische Grundlagen für die Soziale Arbeit. Hohengehren

–, Hünersdorf, B. (Hrsg.) (1997): Soziale Arbeit und Gesundheit. Neuwied

–, Laaser, U., Prümel-Philippsen, U., Robertz-Grossmann, B. (Hrsg.) (2002): Studienbuch Gesundheit. Soziale Differenz – Strategien – Disziplinen. München/Basel

–, Merten, R., Schulze-Krüdener, J. (Hrsg.) (1999): Soziale Arbeit im Dialog ihrer Generationen. Hohengehren

Huber, E. (2004): Die Vision eines Gesundheitssystems der Postindustriellen Gesellschaft. In: Göpel, E. (Hrsg.), 38–59

Hurrelmann, K., Laaser, U. (Hrsg.) (2003): Handbuch Gesundheitswissenschaften. 3. Aufl. Weinheim

Illich, I. (1995): Die Nemesis der Medizin. Die Kritik der Medikalisierung des Lebens. 4. Aufl. München

Jung, C. G. (1968): Der Mensch und seine Symbole. Olten
– (1979): Erinnerungen, Träume, Gedanken. Zürich

Junker, H. (1973): Das Beratungsgespräch. Zur Theorie und Praxis kritischer Sozialarbeit. München

Kanfer, F. H., Reinecker, H., Schmelzer, D. (1991): Selbstmanagement-Therapie. 2. Aufl. Berlin

Karls, J. M., Wandrei, K. E. (Hrsg.) (1994): Person-In-Environment System. The PIE Classification System for Social Functioning Problems. Washington DC

Keupp, H. (2004): Identitätsarbeit und Werteorientierung in einer globalisierten Netzwerkgesellschaft. Supervision 3, 28–41

Klein, M. (1999): Praxisfeld Suchthilfe (The Practice of Addiction Treatment). In: Badry, E., Buchka, M., Knapp, R. (Hrsg.): Pädagogik. Grundlagen und Arbeitsfelder. 3. Aufl. München/Basel, 495–505

Kleve, H., Ortmann, K. H. (2000): Sozialarbeitswissenschaft und Sozialmedizin – ein bezugswissenschaftliches Verhältnis. Theorie und Praxis der Sozialen Arbeit 3, 114–117

Kling-Kirchner, C. (2002): Diagnostik als Bestandteil klientenbezogener Sozialarbeit. Soziale Arbeit 9, 322–330

–, Pauls, H. (2004): Klinische Sozialarbeit, die Zentralstelle für Klinische Sozialarbeiter/-innen und Kooperationsmöglichkeiten mit dem Berufsregister für Soziale Arbeit. In: Jost, W., Böllinger, M. (Hrsg.): Qualität schafft Vertrauen. Das Berufsregister als Gütesiegel der Sozialen Arbeit. Berlin

Kobasa, S. C., Maddi, S. R., Kahn, S. (1982): Hardiness and Health. A Prospective Study. Journal of Personality and Social Psychology 34, 839–850

Köttgen, C. (1995): Seelische Behinderungen bei Kindern und Jugendli-

chen – die Bedeutung für den Hilfeauftrag der Jugendhilfe. In: Verein für Kommunalwissenschaften e. V. (Hrsg.). Berlin 70–90
Kunstreich, T., Müller, B., Heiner, M., Meinhold, M. (2003): Diagnose und/oder Dialog. Ein Briefwechsel. Widersprüche 23, 11–32

Laaser, U., Schwalbe, A. (Hrsg.) (1999): Das Gesundheitswesen in Deutschland. Von der Kosten- zur Nutzenorientierung. Lage
Lachner, G., Wittchen, H. U. (1997): Familiär übertragene Vulnerabilitätsmerkmale für Alkoholmissbrauch und -abhängigkeit. In: Watzl, H., Rockstroh, B. (Hrsg.): Abhängigkeit und Missbrauch von Alkohol und Drogen. Göttingen, 43–89
Laireiter, A.-R. (2003): Diagnostik in der Psychotherapie. Aus der Praxis für die Praxis. Report Psychologie, 2003 1, 27–42
Lazarus, R. A. (1966): Psychological Stress and the Coping Process. New York
Lazarus, R. S. (1981): Streß und Streßbewältigung – ein Paradigma. In: Filipp, S.-H. (Hrsg.): Kritische Lebensereignisse. München, 198–232
Lewkowicz, M., Lob-Hüdepohl, A. (Hrsg.) (2003): Spiritualität in der Sozialen Arbeit. Freiburg i. Br.
Liefmann-Keil, E. (1961): Ökonomische Theorie der Sozialpolitik. Berlin
Lingg, A., Theunissen G. (2000): Psychische Störungen und Geistige Behinderung. Freiburg i. Br.
Lob-Hüdepohl, A. (2002): Ethik in der sozialen Arbeit. In: Deutscher Verein (Hrsg.): Fachlexikon. Frankfurt a. M., 291–293
– (2003): Nichtdirektivität oder Parteilichkeit? Ethische Aspekte sozialprofessioneller Beratung. Soziale Arbeit 11/12, 448–455
Löcherbach, P. (2002): Qualifizierung im Case Management – Bedarf und Angebote. In: Löcherbach, P., Klug, W., Remmel-Faßbender, R., Wendt, W. R. (Hrsg.), 201–241
–, Klug, W., Remmel-Faßbender, R., Wendt, W. R. (Hrsg.) (2002): Case Management. Fall- und Systemsteuerung in Theorie und Praxis. München/Basel

Maercker, A. (Hrsg.)(1997): Therapie der posttraumatischen Belastungsstörung. Berlin
Maguire, L. (2002): Clinical Social Work. Beyond Generalist Practice with Individuals, Groups, and Families. Pacific Grove
Mattaini, M. A. (1997): Clinical Practice with Individuals. Washington D. C.
Meinhold, M. (2002): Über Einzelfallhilfe und Case Management. In: Thole, W. (Hrsg.): Grundriss Soziale Arbeit. Opladen, 509–521
Melchinger, H. (1999): Ambulante Soziotherapie: Evaluation und analytische Auswertung des Modellprojekts „Ambulante Rehabilitation psychisch Kranker" der Spitzenverbände der gesetzlichen Krankenkassen. Baden-Baden

Meyer, A. E., Richter, R., Grawe, K., Graf v. d. Schulenburg, J.-M., Schulte, D. (1991): Forschungsgutachten zu Fragen eines Psychotherapeuten-gesetzes im Auftrag des Bundesministeriums für Jugend, Familie, Frauen und Gesundheit. Universitätskrankenhaus Eppendorf

Mielck, A. (2002): Gesundheitliche Ungleichheit: Empfehlungen für Prä-vention und Gesundheitsförderung. In: Homfeldt, H. G., Laaser, U., Prümel-Philippsen, U., Robertz-Grossmann, B. (Hrsg.), 45–64

Milne, D. L. (1999): Social Therapy. A Guide to Social Support Interventi-ons for Mental Health Practitioners. New York

Mishne, J. (1997): Clinical Social Work with Adolescents. In: Brandell, J. R. (Hrsg.), 101–131

Montada, L. (1985): Entwicklungsberatung als Angewandte Entwicklungs-psychologie. In: Brandtstätter, J., Gräser, H. (Hrsg.): Entwicklungs-beratung unter dem Aspekt der Lebensspanne. Göttingen, 1–15

Mühlum, A. (2001): Sozialarbeit und Sozialpädagogik. Ein Vergleich. 3. Aufl. Frankfurt a. M.

– (2001a): Wie viel Spezialisierung braucht – und verträgt – die Soziale Arbeit? Forum Sozial 2, 12–15

– (2002): Gesundheitsförderung oder klinische Fachlichkeit. Auf dem Weg zur Klinischen Sozialarbeit. In: Dörr, M. (Hrsg.), 10–23

– (Hrsg.) (2004): Sozialarbeitswissenschaft – Wissenschaft der Sozialen Arbeit. Freiburg i. Br.

– (2004a): Soziale Arbeit und Gesundheit. Zwischen Binnendifferen-zierung und Ganzheitsrhetorik. Archiv für Wissenschaft und Praxis der sozialen Arbeit 4, 44–67

–, Bartholomeyczik, S., Göpel, E. (1997): Sozialarbeitswissenschaft – Pflegewissenschaft – Gesundheitswissenschaft. Freiburg i. Br.

–, Franzkowiak, P., Köhler-Offierski, A., Paulus, P., Zurhorst, G. (1998): Soziale Arbeit und Gesundheit. Eine Positionsbestimmung des AK So-zialarbeit und Gesundheit. Blätter der Wohlfahrtspflege 5/6, 116–121

–, Gödecker-Geenen, N. (2003): Soziale Arbeit in der Rehabilitation. München/Basel

Mührel, E. (Hrsg.) (2003): Ethik und Menschenbild der Sozialen Arbeit. Essen

Müller, B. (2003): Kritische Ereignisse, Ungewissheit und kreative Dis-tanz. In: Helsper, W., Hörster, R., Kade, J. (Hrsg.): Ungewissheit. Päd-agogische Felder im Modernisierungsprozess. Weilerswist, 162–183

Müller, C. W. (1995): Wie Helfen zum Beruf wurde. Eine Methoden-geschichte der Sozialarbeit von 1883 bis 1945. Bd. 1. 4. Aufl. Weinheim

– (1997): Wie Helfen zum Beruf wurde. Eine Methodengeschichte der Sozialarbeit von 1945 bis 1995. Bd. 2. 3. Aufl. Weinheim

Muijen, M., Priebe, S. (2002): Roles and Morale of Mental Health Profes-sionals in Three Countries. Unveröfftl. Studie. London

Munson, C. E. (1983): An Introduction to Clinical Social Work Supervision. New York

Naidoo, J., Wills, J. (2003): Lehrbuch der Gesundheitsförderung. Deutsche Ausgabe hrsg. von der BZgA, Köln
National Association of Social Workers (1998): NASW Standards for the Practice of Clinical Social Work. Washington DC
Neuffer, M. (1990): Die Kunst des Helfens. Geschichte der sozialen Einzelhilfe in Deutschland. Weinheim
Nootbaar, H. (1983): Sozialarbeit und Sozialpädagogik in der Bundesrepublik 1954–1962. In: Landwehr, R., Baron, R. (Hrsg.): Geschichte der Sozialarbeit. Weinheim, 251–300

Olk, T., Otto, H. U. (Hrsg.) (2003): Soziale Arbeit als Dienstleistung. München/Basel
Ortmann K., Schaub, A. (2002): Klinische Sozialarbeit. Theorie und Praxis der Sozialen Arbeit 1, 66–72
Otto, H. U., Thiersch, H. (Hrsg.) (2001): Handbuch Sozialarbeit/Sozialpädagogik. 2. Aufl. München/Basel

Pauls, H. (2002): Erfahrungsorientierte Klinische Sozialarbeit in der Kinder-, Jugend- und Familienhilfe – Konzeption einer Praxiseinrichtung. Gesprächspsychotherapie und Personzentrierte Beratung 3, 223–228
– (2002a): Zukunftsperspektiven der Erfahrungstherapie und personenzentrierten Beratung: Beratung im Rahmen Klinischer Sozialarbeit. GwG 2, 229–240
– (2004): Klinische Sozialarbeit. Grundlagen und Methoden psycho-sozialer Behandlung. Weinheim
–, Mühlum, A. (2004): Klinische Kompetenzen. Eine Ortsbestimmung Klinischer Sozialarbeit. Sozialmagazin 12, 22–27
–, Reicherts, M. (1998): Die Zielerreichungsanalyse (ZEA). In: Tscheulin, D. (Hrsg.): Würzburger Leitfaden zur Verlaufs- und Erfolgskontrolle psychotherapeutischer Interventionen. Göttingen
Peters, H. (1968): Moderne Fürsorge und ihre Legitimation. Eine soziologische Analyse der Sozialarbeit. Köln
Priller, H. (1996): Anamnese, Exploration, psychosoziale Diagnose. Sankt Augustin

Rank, O. (1936): Will Therapy. New York
Rauchfleisch, U. (2001): Arbeit im psychosozialen Feld. Beratung, Begleitung, Psychotherapie, Seelsorge. Göttingen
Rauschenbach, T., Züchner, I. (2001): Soziale Berufe. In: Otto, H.-U., Thiersch, H. (Hrsg.), 1649–1667
Redel, C. (2001): Nachgefragt. Dt. Ärzteblatt 98, 6, 71

Reiners-Kröncke, W., Stübinger, M. (2000): Der Einstieg in soziale Orga-
nisationen – Ein Sprung ins kalte Wasser. Troisdorf
Reynolds, B. C. (1934): Between Client and Community. A Study in
Responsibility in Social Case Work. The Smith College Studies in Social
Work 5, 1, 1–125
Richmond, M. E. (1917): Social Diagnosis. Russel Sage Foundation. New
York
– (1922): What is Social Case Work? Russel Sage Foundation. New York
Richter, D. (2003): Psychisches System und soziale Umwelt. Soziologie
psychischer Störungen in der Ära der Biowissenschaften. Bonn
Robinson, V. (1930): A Changing Psychology of Social Work. Chapel Hill
NC

Saari, C. (1997): Editorial. Clinical Social Work Journal 25, 4, 385–389
Saleebey, D. (Hrsg.) (1997): The Strength Perspective in Social Work
Practice. New York
Salomon, A. (2004): Soziale Diagnose. Feustel, A. (Hrsg.): Ausgewählte
Schriften. Bd. 3. Neuwied, 255–314
Schaub, H.-A., Bungenstock, A., Flessner-Schaub, L., Hess-Diebäcker, D.
(1997): Psychosoziale Rehabilitation in der Sozialpsychiatrie. Stuttgart
Schiller, H. (1999): Sozialpädagogik im Dialog der Generationen –
1945–1970. In: Homfeldt, H. G., Merten, R., Schulze-Krüdener, J. (Hrsg.),
168–179
Schilling, J. (2000): Anthropologie. Menschenbilder in der Sozialen Arbeit.
München/Basel
Schlittmaier, A. (2004): Ethische Grundlagen Klinischer Sozialarbeit. ISPG-
Institut. Weitramsdorf
Schlüter, W. (1995): Sozialphilosophie für helfende Berufe. München
Schneider, J. (2001): Gut und Böse – Falsch und Richtig. Zu Ethik und
Moral der sozialen Berufe. Frankfurt a. M.
– (2003): Professionalisierung und Ethik. Soziale Arbeit 11/12, 416–422
Schopenhauer, A. (1890): Parerga und Paralipomena. Bd. V. Leipzig
Schüßler, G. (2004): Neurobiologie und Psychotherapie. In: Psychosomati-
sche Medizin und Psychotherapie 4, 407–429
Schuster, E. (2004): SPFH – Interventionschancen bei Multiproblemfa-
milien. Uni Siegen 24.6.2004. www.uni-siegen.de/wolf/vortrag/schuster.
pdf
Seligman, M. (1975): Helplessness. On Depression, Development, and
Death. San Francisco
Selter, J. (1998): Beratung im quasi-offiziellen Auftrag. In: Busse, S., Feller-
mann, J. (Hrsg.): Gemeinsam in der Differenz. Supervision im Osten.
DGSV Berlin, 14–17
Sennett, R. (2000): Der flexible Mensch. Die Kultur des neuen Kapitalis-
mus. Berlin

Sheafor, B. W., Horejsi, C. R. (2003): Techniques and Guidelines for Social Work Practice. San Francisco

Siegrist, J. (1996): Soziale Krisen und Gesundheit. Eine Theorie der Gesundheitsförderung am Beispiel von Herz-Kreislauf-Risiken im Erwerbsleben. Göttingen

– (1998): Ätiologie/Bedingungsanalyse: Allgemeine Grundlagen – Soziologische Aspekte. In: Baumann, U., Perrez, M. (Hrsg.): Lehrbuch Klinische Psychologie – Psychotherapie. 2. Aufl. Bern, 264–276

Smalley, R. (1974): Praxisorientierte Theorie der Sozialarbeit. Weinheim

Spaemann, R. (1990): Glück und Wohlwollen. Versuch über Ethik. 2. Aufl. Stuttgart

Specht, H., Courtney, M. (1994): Unfaithful Angels. How Social Work has Abandoned It's Mission. New York

Spiegel, H. v. (2004): Methodisches Handeln in der Sozialen Arbeit. München/Basel

Staub-Bernasconi, S. (1998): Soziale Probleme – Soziale Berufe – Soziale Praxis. In: Heiner, M., Meinhold, M., Spiegel, H. v., Staub-Bernasconi, S. (Hrsg.): Methodisches Handeln in der Sozialen Arbeit. Freiburg i. Br., 11–101

Steen, R. (2005): Soziale Arbeit im Öffentlichen Gesundheitsdienst. München/Basel

Steinkamp, N., Gordijn, B. (2003): Ethik in der Klinik – ein Arbeitsbuch. Neuwied

Sticher-Gil, B. (1993): Übergänge von der Sozialpsychiatrie zur Sozialarbeit. Studium und Praxis 70, 3–7

Sting, S., Blum, C. (2003): Soziale Arbeit in der Suchtprävention. München/Basel

Strotzka, H. (1965): Einführung in die Sozialpsychiatrie. Reinbek

Student, J. C., Mühlum, A., Student, U. (2004): Soziale Arbeit in Hospiz und Palliative Care. München/Basel

Swenson, C. R. (1995): Clinical Social Work. In: NASW (Hrsg.): Encyclopedia of Social Work. Maryland, 502–512

Taft, J. (1937): The Relation of Function to Progress in Social Casework. Journal of Social Work Process 1, 1–18

Terbuyken, G. (1997): Verstehen und Begleiten. Konzeptionelle Überlegungen zum Selbstverständnis von Sozialarbeiter/-innen in der Psychiatrie. Soziale Arbeit 2, 38–48

Turner, F. J. (1979/1996): Psychosocial Therapy. In: Turner, F. J. (Hrsg.): Social Work Treatment. Interlocking Theoretical Approaches. 2. Aufl. New York, 69–90

Uexküll, Th. v. (2003): Psychosomatische Medizin. Modelle ärztlichen Denkens und Handelns. München

Ulrich, P. (1998): Integrative Wirtschaftsethik. Grundlagen einer lebens-
dienlichen Ökonomie. Bern
United Nations, Centre for Human Rights (1994): Human Rights and Social
Work: A Manual for Schools of Social Work and the Social Work Profession. Geneva

Viefhues, H. (1981): Lehrbuch der Sozialmedizin. Stuttgart
Virchow, R. (1968): Die Not im Spessart. Mitteilungen über die in Oberschlesien herrschende Typhus-Epidemie. Nachdruck. Hildesheim

Waller, H. (Hrsg.) (1982): Sozialarbeit im Gesundheitswesen. Ausbildungs-
konzepte, Praxisberichte, Forschungsergebnisse. Weinheim
– (1995): Sozialmedizin. Stuttgart
Wedler, H., Welz, R., Wolfersdorf, M. (1992): Therapie bei Suizidgefährdung.
Regensburg
Weiß, H., Neuhäuser, G., Sohns, A. (2004): Soziale Arbeit in der Frühför-
derung und Sozialpädiatrie. München/Basel
Wendland, W. (2002): Therapeutische Hausaufgaben. Materialien für die
Eigenarbeit und das Selbsttraining. Eine Anleitung für Therapeuten,
Betroffene, Eltern und Erzieher. Stuttgart
Wendt, W. R. (1995): Geschichte der Sozialen Arbeit. 4. Aufl. Stuttgart
– (2001): Case Management im Sozial- und Gesundheitswesen. Eine Ein-
führung. 3. Aufl. Freiburg i. Br.
WHO (2000): Internationale Klassifikation psychischer Störungen ICD-
10. Bern/Göttingen
Wienberg, G. (1992): Struktur und Dynamik der Suchtkrankenversorgung
in der Bundesrepublik – ein Versuch, die Realität vollständig wahrzu-
nehmen. In: Wienberg, G. (Hrsg.): Die vergessene Mehrheit. Zur Reali-
tät der Versorgung alkohol- und medikamentenabhängiger Menschen.
Bonn, 12–60
Wilken, U. (Hrsg.) (2000): Soziale Arbeit zwischen Ethik und Ökonomie.
Freiburg i. Br.
Winnicott, D. W. (1984): Reifungsprozesse und fördernde Umwelt. Frank-
furt
Winter, K. (1980): Lehrbuch für Sozialhygiene. Berlin
World Health Organisation (WHO) (Hrsg.) (2001): The World Health
Report 2001. Mental Health: New Perspectives, New Hope. WHO
Library
Wright, M. (2004): Sozialarbeit auf dem Prüfstand. Alice, Magazin der Alice
Salomon Fachhochschule Berlin 9, 49–52
Wronsky, S., Kronfeld, A. (1932): Sozialtherapie und Psychotherapie in
den Methoden der Fürsorge. Berlin
Wronsky, S., Salomon, A. (1926): Soziale Therapie. Ausgewählte Akten aus
der Fürsorge-Arbeit. Berlin

Zeller, S. (1994): Geschichte der Sozialarbeit als Beruf. Bilder und Doku-
    mente (1893–1939). Pfaffenweiler
Zimmermann, R. B. (2001): Was ist eine psychiatrische Krise und was ein
    psychiatrischer Notfall? Theorien und Methoden psychiatrischer Krisen-
    intervention. Verhaltenstherapie und psychosoziale Praxis 33, 1, 17–29

Sachregister

Die UTB-Buchreihe
Soziale Arbeit im Gesundheitswesen
Hrsg. von Prof. Dr. Hans Günther Homfeldt und
Prof. Dr. Albert Mühlum

In ca. zehn Bänden führen ausgewiesene Fachleute in die einzelnen Aufgabengebiete der Sozialen Arbeit im Gesundheitswesen ein.
Herausgeber und Autoren geben mit dieser Reihe eine übersichtliche und knapp gehaltene Orientierung für Studierende der Sozialpädagogik bzw. Sozialarbeit, aber auch für Berufseinsteiger, die sich einen Überblick über einen bestimmten Aufgabenbereich der Sozialen Arbeit im Gesundheitswesen verschaffen wollen.

In der Reihe bislang erschienen:

Albert Mühlum /
Norbert Gödecker-Geenen
Soziale Arbeit in der Rehabilitation
Band 1. 2003. 171 Seiten.
21 Abb. 2 Tab.
UTB-S (978-3-8252-2473-8) kt

Das Buch führt in den Arbeitsbereich Soziale Arbeit in der Rehabilitation ein: Zentrale Begriffe werden definiert, die Autoren stellen Formen der Rehabilitation, ausgewählte Konzepte und Qualitätsstandards übersichtlich dar und diskutieren politische, ethische sowie rechtliche Aspekte – vor allem relevante Ausschnitte des neuen Sozialgesetzbuches (SGB IX).

ℛ/ reinhardt
www.reinhardt-verlag.de

Stephan Sting / Cornelia Blum
Soziale Arbeit in der
Suchtprävention
Band 2. 2003. 167 Seiten.
UTB-S (978-3-8252-2474-5) kt

Die Autoren stellen die wichtigsten
suchtpräventiven Konzepte vor und
setzen sich kritisch mit den institutionellen Rahmenbedingungen von
Suchtprävention auseinander. Perspektiven für die Weiterentwicklung
suchtpräventiver Arbeit runden diesen Band ab.

Hans Weiß / Gerhard Neuhäuser /
Armin Sohns
Soziale Arbeit in der
Frühförderung und Sozialpädiatrie
Band 3. 2004. 176 Seiten. 9 Abb. 5 Tab.
UTB-S (978-3-8252-2548-3) kt

Die Autoren stellen professionelle
Hilfen für Kinder und ihre Familien,
die durch eine Behinderung oder
deprivierende Lebensbedingungen
in ihrer Entwicklung gefährdet sind,
vor. Speziell zeigt der Band die Auf-
gaben, die sich für SozialpädagogInnen in den beiden
Arbeitsfeldern Frühförderung und Sozialpädiatrie ergeben.

 **reinhardt**
www.reinhardt-verlag.de

Johann-Christoph Student /
Albert Mühlum / Ute Student
**Soziale Arbeit in Hospiz
und Palliative Care**
Band 4. 2004. 171 Seiten. 6 Abb. 4 Tab.
UTB-S (978-3-8252-2547-6) kt

Im Mittelpunkt dieses Buches stehen die ganzheitliche Begleitung, Ermutigung und Versorgung in verschiedenen Settings, Mobilisierung von Ressourcen, Hilfe für Helfende und nicht zuletzt Aufklärung der Öffentlichkeit.

Harald Ansen / Norbert Gödecker-Geenen / Hans Nau
Soziale Arbeit im Krankenhaus
Band 5. 2004. 149 Seiten.
10 Abb. 3 Tab.
UTB-S (978-3-8252-2561-2) kt

Das Buch führt grundlegend in das Arbeitsfeld „Soziale Arbeit im Krankenhaus" ein. Es werden die zentralen Handlungsansätze, die institutionellen und rechtlichen Rahmenbedingungen und die Besonderheiten der Beratungssituation im Rahmen der Akut-Behandlungssituation ausführlich erläutert. Vorgestellt werden methodische Grundlagen, Qualitäts- und Handlungskonzepte sowie Instrumente der Leistungsdokumentation des Arbeitsbereiches.

ℰ⁄ reinhardt
www.reinhardt-verlag.de

Rainer Steen
Soziale Arbeit im Öffentlichen Gesundheitsdienst
Band 6. 2005. 159 Seiten.
UTB-S (978-3-8252-2654-1) kt

Beratung bei Schwangerschaftskonflikten, AIDS und Drogenproblemen – all dies sind beratende Tätigkeiten, die dem ärztlichen Handeln meist nachgeordnet sind. Hier ist ein Betätigungsfeld für Soziale Arbeit entstanden, das sich auch der Förderung und Prävention widmet, inkl. interkultureller Gesundheitsförderung, Suchtprävention und Sexualpädagogik.

Margret Dörr
Soziale Arbeit in der Psychiatrie
Band 8. 2005. ca. 150 Seiten.
UTB-S (978-3-8252-2696-1) kt

Die Autorin entwirft eine Sicht auf das psychiatrische Handlungsfeld und wie es von den in der Sozialen Arbeit Tätigen gefüllt werden kann. Die Psychiatrie wird als eine soziale Institution begriffen und nicht mehr nur auf einen sozialen Ort, die Klinik, reduziert. Darüber hinaus zeigt die Verfasserin die für die Soziale Arbeit bedeutsamen strukturellen Merkmale in diesem Tätigkeitsfeld auf und macht die methodisch-professionelle Eigenständigkeit der Sozialen Arbeit sichtbar.

ℰᴠ **reinhardt**
www.reinhardt-verlag.de